THE TABELOG AWARD 2023

公式本

The Tabelog Awardとは専門家による評価ではなく、一般生活者の評価をもとにした独自の年間レストランアワードです。

2022年にきわめて高い評価を獲得したお店から、食べログユーザーによる投票で全国約84万店（2022年12月時点）の頂点として「Gold」「Silver」「Bronze」「Best New Entry」「Best Regional Restaurants」の各賞を選出しています。

少しずつ、日常を取り戻してきた2022年の飲食業界。まだまだ完全復活とは言い難い状況ですが、徐々に回復の兆しが見えてきました。

様々な状況の中でも、おいしい食を通じて私たちに感動や活力を与えてくれた飲食店に感謝とエールを伝えたく、今年も本アワードを開催いたしました。

-外食の未来に希望と光を-

これからもThe Tabelog Awardは、
日本が誇る外食の担い手を応援してまいります。

CONTENTS

002　The Tabelog Awardとは

008　本書の使い方

011　The Tabelog Award 2023
Gold

012　蒼（東京都・イノベーティブ・フュージョン）

016　acá（東京都・スペイン料理）

022　緒方（京都府・日本料理）

026　片折（石川県・日本料理）

032　Quintessence（東京都・フレンチ）

036　銀座 しのはら（東京都・日本料理）

042　茶禅華（東京都・中華料理）

046　新ばし 星野（東京都・日本料理）

052　鮨 あらい（東京都・寿司）

056　鮨 さいとう（東京都・寿司）

066　すし処 めくみ（石川県・寿司）

070　鮨 なんば 日比谷（東京都・寿司）

076　勢麟（静岡県・日本料理）

080　CHIUnE（東京都・イノベーティブ・フュージョン）

086　茶懐石 温石（静岡県・日本料理）

090　天寿し 京町店（福岡県・寿司）

096　道人（京都府・日本料理）

100　成生（静岡県・天ぷら）

106　にい留（愛知県・天ぷら）

110　日本橋蛎殻町 すぎた（東京都・寿司）

120　東麻布 天本（東京都・寿司）

124　PELLEGRINO（東京都・イタリア料理）

130　薪鳥新神戸（東京都・焼鳥・鳥料理）

134　L'évo（富山県・フレンチ）

145 **The Tabelog Award 2023**
Silver

205 **The Tabelog Award 2023**
Bronze

Best New Entry

062 赤坂 おぎ乃（東京都・日本料理）

063 NK（東京都・日本料理）

064 末冨（東京都・日本料理）

065 SÉZANNE（東京都・フレンチ）

116 宮坂（東京都・日本料理）

117 鎌倉 北じま（神奈川県・日本料理）

118 一本杉 川嶋（石川県・日本料理）

119 Restaurant Naz（長野県・イノベーティブ・フュージョン）

140 橦木町 しみず（愛知県・日本料理）

141 湖里庵（滋賀県・日本料理）

202 北野坂 木下（兵庫県・イタリアン）

203 くるますし（愛媛県・寿司）

204 日本料理 別府 廣門（大分県・日本料理）

142 Best Regional Restaurants

190 Gold Complete Reviewer 2023 Best Restaurants

264 本書に掲載できなかった「The Tabelog Award 2023」選出店

266 INDEX

278 Special Thanks

本書の使い方

地域やジャンルの壁を越え、今、一番おいしいお店を選出する。
レストランの国民投票「The Tabelog Award」

点数

食べログの各店舗ページに掲載されている点数です。

＊本書に掲載される点数は、2023年1月17日時点の点数を記載しております。食べログサイトの各店舗ページに掲載される点数・情報は随時更新されますので、本書と異なる場合があります。

GENRE

「The Tabelog Award 2023」のサイトに掲載されるジャンルに基づいて表記しています。

＊「The Tabelog Award 2023」サイト内の表記と一部異なる場合があります。

NEAREST STATION

都道府県名とともに最寄りの駅名を表記しています。

＊最寄り駅から遠く離れたお店については、便宜上、「AREA」として市町村名などを表記しています。

レビュアー名

食べログのレビュアー名を表記しています。

蒼
アオ

★★★★☆ 4.46

GENRE
イノベーティブ・フュージョン

NEAREST STATION
東京都・六本木

📞03-6434-9829
東京都港区西麻布 3-21-3
オリンピアード麻布霞坂 2F
💰¥40,000〜¥49,999

pateknautilus40／料理は、どれも拘りの一品でとても美味しいです。素材もさることながら、それに負けない料理方法が更なる相乗効果を産み出してます。

2020年1月にオープンした『蒼』は、1年目にして当アワードでSilverを受賞。そして今年、いよいよGoldにまで駆け上がった超新星だ。オーナーシェフの峯村康資氏には、いわゆる有名店などでの修業経験は一切ない。それ故に、愚直なまでに自身の料理や生産者と向き合う真摯な姿勢が表れた、一皿ひと皿こそが彼をここまで押し上げている。

峯村氏にとって料理の世界で唯一の師と仰ぐのが、料理科学研究家としても知られる水島弘史氏。18歳で長野県から上京し、料理修業のため入ったのが、当時水島氏が営むフランス料理店だった。

「わずか半年のアルバイトだったので水島さんは覚えていないかもしれませんが、僕にとっては恩人です。あの時学ばせていただいた、科学に基づいた食材の切り方や火入れなど、料理の手法や考え方の基本は、いまでも僕の料理の礎となっています」

その後、数軒の店で経験を積み、弱冠24歳でビストロを開業。小さい店ながら経営は順調だったが、転機となったのは全国の名店に魚を卸す漁師・藤本純一氏との出会いだった。「魚が欲しいと連絡すると、最初は相手にもされませんでした。でも、僕の料理を食べてからは、

014　　　Gold

※アワード2016年の発表以降の初ノミネート店のうち、ユーザー投票での得票数が多かった
　上位10位（The Tabelog Award 2023では全14店）をBest New Entryとして選出しています。

レストラン検索・予約サイト「食べログ」に掲載される店舗のなかから食べログユーザーが「味」という基準で、本当に好きなお店を選びぬく。
本書は、そんなレストランの国民投票ともいえる「The Tabelog Award」の公式本として誕生しました。「The Tabelog Award 2023」では、約84万にも及ぶ全国のお店からGold30店舗、Silver100店舗、Bronze340店舗の全470店舗を選出。本書は、その全店舗を掲載するほか、選びぬかれたトップオブトップのGold受賞店24店舗、Best New Entryの13店舗を取材。Goldは各店舗のスペシャリテともいえる料理をグラビアにて紹介します。

魚を卸すだけでなく、様々な一流食材の生産者や仕入れルートを紹介してくれました」。これを機に、峯村氏の料理は一気に開花する。そして、10年営んだ店を閉め、『蒼』の開業を決意した。

コースの幕開けを飾る藤本氏の魚を使ったコンソメをはじめ、おまかせの11品のうち約半数は定番料理を据えている。もちろん、魚介や野菜は旬ごとに変化するが、毎年その季節には同じ料理を作り、その精度を高めることに注力している。「寿司や天ぷらなど和食の多くは、同じ料理を何万回と作るからこそ技も味も極まる。それはフレンチも同じはずで、目新しいものでないとマンネリと評価されるのは違うと思います」。通年で提供する相模湾の赤座海老で作るビスクは、殻を焼かずに野菜と共に軟水で6時間煮込んだスープ。レアに火入れした海老の身を浸けても楽しめるという、唯一無二であり、目当てにする常連も多い。

原価や手間を一切惜しまず、常に調理をロジカルに分析し、食材の味わいを最大限に引き出した美味しさを探求する。そうして磨き上げられた峯村氏の料理は、日本屈指の生産者たちが魂を込めて峯村氏に託した食材の「命の味」が、存分に活かされている。

Gold　015

二次元バーコード

新型コロナウイルス感染症の拡大を受け、各店舗の営業時間、休業日に変動があります。そのため本書では営業時間、定休日を掲載していません。食べログの各店舗のページにアクセスできる二次元バーコードを用意しましたので、食べログサイトにて詳細情報をご確認ください。

データ

電話番号、住所、昼・夜の予算を記載しています。

＊電話番号、住所、予算の一部は、食べログサイトに掲載される情報と異なる場合があります。
＊予算は、食べログのレビュアーが店を訪れた際に使った金額を目安に算出しており、実際にかかる費用とは異なる場合があります。また、季節により予算が変動する店もあります。

口コミ

口コミは、食べログサイトに投稿される原文をそのまま掲載しています。

※Goldはアイウエオ順に、Best New Entryは北から都道府県別に掲載しています。本書に掲載される店舗の多くは、事前に予約が必要ですのでご注意ください。

写真 ─

食べログのレビュアーが撮影した写真もしくは、各店から提供された写真、食べログにて独自に撮影した写真を使用しております。写真を使用したレビュアーの情報は、巻末に表記しています。

日本料理

025 日本料理 たかむら
ニホンリョウリ タカムラ

★ ★ ★ ★ ★ 4.49

GENRE
日本料理

NEAREST STATION
秋田県・秋田

📞018-866-8288
秋田県秋田市大町1・7・31
🕐¥15,000〜¥19,999

店主の髙村宏樹氏は、今はなき目白『太古八』で弱冠24歳にして板長を務めた、江戸料理継承者。地場を意識しつつ選び抜いた素材を使い、江戸料理に自身の感性を融合した唯一無二のスタイルで料理へと昇華する。緻密に計算した味わい、客との対話などを含めたすべての体験が訪れる人を心酔させ、全国から食通が集まる。予約会員制。

グルメマニア男2020／いやー変化球と言い、大将の軽快なトークといい、おもてなしと言い全てがパーフェクト！お料理も大将のこだわりが随所に感じられます。

---

026 樋山
ヒヤマ

★ ★ ★ ★ ★ 4.15

GENRE
日本料理

NEAREST STATION
埼玉県・東川口

📞048-296-6450
埼玉県川口市東川口2・6・8
🕐¥50,000〜¥59,999

6月下旬から11月末くらいまでの松茸の時期は、長野や岩手など松茸の名産地から最高級松茸を直接買い付け。国産松茸の数%が集まると言われ、名だたる料亭や問屋にも松茸を卸す知る人ぞ知る店。採れたてのみを扱っているため、松茸本来の香りと旨みを堪能できる。松茸以外にも天然の海うなぎ、とらふぐ、松葉ガニなど名物が目白押しだ。

オールバックGOGOGO／まさに松茸商社、日本中から最高級松茸が大集結しています。しかも採れたての松茸の香りは、他とか比較になりません。

146　　　SILVER

※Silver、Bronzeの掲載順はジャンル別にした上で、北から都道府県別に掲載。同都道府県内の店舗はアイウエオ順で掲載しています。

この国のどこにあったとしても、
生涯通い続けたいお店

Gold 30 Award Winners

※Gold初受賞の『薪鳥新神戸』に関しては、今年度のBest New Entryも同時に受賞しております。紹介記事は
　Goldページにて集約させていただいております。

001

愛媛藤本さんより神経締め真鯛のコンソメ

Consomme of Red Seabream Delivered Fresh by Mr. Fujimoto From Ehime

凄腕漁師が行う魚の手当ては、身だけではなく骨から抽出される味わいにも、違いを発揮する。それを知らしめるべく、生まれたのがこの一品。約1.5kgの真鯛を一尾使用し、たった400ccのスープを贅沢に作っている。アクや臭いを取り旨みを残す超硬水で鯛の骨を茹でこぼし、少量の野菜と共に白神山地の軟水で出汁を引く。そこに、卵白は使わず一尾分のすり身を入れて澄ますことで、清らかなコンソメに仕立てる。塩は加えず、鯛の自然な塩味と豊かな旨味だけを宿す

TEXT: YUMI SATO
PHOTO: SHINJO ARAI

蒼

アオ

. . . .

★★★★⯪ 4.46

GENRE
イノベーティブ・フュージョン

NEAREST STATION
東京都・六本木

. . . .

📞03-6434-9829
東京都港区西麻布 3-21-3
オリンピアード麻布霞坂 2F
🌑 ¥40,000〜¥49,999

. . . .

pateknautilus40／料理は、どれも拘り
の一品でとても美味しいです。素材もさ
ることながら、それに負けない料理方法
が更なる相乗効果を産み出してます。

　2020年1月にオープンした『蒼』は、1年目にして当アワードでSilverを受賞。そして今年、いよいよGoldにまで駆け上がった超新星だ。オーナーシェフの峯村康資氏には、いわゆる有名店などでの修業経験は一切ない。それ故に、愚直なまでに自身の料理や生産者と向き合う真摯な姿勢が表れた、一皿ひと皿こそが彼をここまで押し上げている。

　峯村氏にとって料理の世界で唯一の師と仰ぐのが、料理科学研究家としても知られる水島弘史氏。18歳で長野県から上京し、料理修業のため入ったのが、当時水島氏が営むフランス料理店だった。

　「わずか半年のアルバイトだったので水島さんは覚えていないかもしれませんが、僕にとっては恩人です。あの時学ばせていただいた、科学に基づいた食材の切り方や火入れなど、料理の手法や考え方の基本は、いまでも僕の料理の礎となっています」

　その後、数軒の店で経験を積み、弱冠24歳でビストロを開業。小さい店ながら経営は順調だったが、転機となったのは全国の名店に魚を卸す漁師・藤本純一氏との出会いだった。「魚が欲しいと連絡すると、最初は相手にもされませんでした。でも、僕の料理を食べてからは、

魚を卸すだけでなく、様々な一流食材の生産者や仕入れルートを紹介してくれました」。これを機に、峯村氏の料理は一気に開花する。そして、10年営んだ店を閉め、『蒼』の開業を決意した。

コースの幕開けを飾る藤本氏の魚を使ったコンソメをはじめ、おまかせの11品のうち約半数は定番料理を据えている。もちろん、魚介や野菜は旬ごとに変化するが、毎年その季節には同じ料理を作り、その精度を高めることに注力している。「寿司や天ぷらなど和食の多くは、同じ料理を何万回と作るからこそ技も味も極まる。それはフレンチも同じはずで、目

新しいものでないとマンネリと評価されるのは違うと思います」。通年で提供する相模湾の赤座海老で作るビスクは、殻を焼かずに野菜と共に軟水で6時間煮込んだスープ。レアに火入れした海老の身を浸けても楽しめるという、唯一無二であり、目当てにする常連も多い。

原価や手間を一切惜しまず、常に調理をロジカルに分析し、食材の味わいを最大限に引き出した美味しさを探求する。そうして磨き上げられた峯村氏の料理は、日本屈指の生産者たちが魂を込めて峯村氏に託した食材の「命の味」が、存分に活かされている。

002
———

小肌の
ボカディージョ

Gizzard Shad Bocadillo

スペシャリテのひとつである「小肌のボ
カディージョ」は前菜として登場。ボカ
ディージョとはスペインで惣菜として定
番のオープンサンドイッチだが、通常使
われるカタクチイワシを小肌に変え、大
葉を加えて日本風味にアレンジした。土
台となるパンコントマテは、パンにトマ
トをすりつけるのではなく、生地に練り
込む凝った仕立て。シェリービネガー、
リンゴ酢など数種をブレンドし、2晩寝
かせた酢でマリネした小肌はまろやかな
酸味で、食欲と、これから供される料理
への期待を否応なくかきたてる

TEXT: MIYAKO AKIYAMA
PHOTO: JIRO OTANI

acá

アカ

★★★★☆ 4.57

GENRE
スペイン料理

NEAREST STA
東京都・三越前

📞03-6262-5090
東京都中央区日本橋室町2-1-1
三井2号館
◉¥30,000〜¥39,999
🕐¥30,000〜¥39,999

最後は塩むすび／スペイン料理の根本と
なるような料理を楽しめて、日本の素材
を活かす。素晴らしいお店ですね。

　聚楽土の壁に"おくどさん"を思わせ
る丸味を帯びた調理台は、この店の出自
が京都にあったことを思い出させる。東
京には2020年8月に移転。横に長い厨
房を見渡せるケヤキの一枚板のカウンタ
ーにはわずか8席しかなく、ここは間
違いなく東京のレストランでも屈指のプ
レミアムシートに違いない。しかし、ゲ
ストの多くがリピーターであるせいか、
とくに大仰な挨拶もなく、静かにコース
はスタートする。あたたかで、くつろい
だ雰囲気だ。
　「日本人にとって見知った食材が多く、
素材の良さを大切にしながらも、想像

がつきそうでつかない味」というスペイ
ン料理に魅せられた東鉄雄シェフは、
20代半ばにして外国車の営業マンから
転職。文字通り身ひとつでスペイン料理
の世界へ飛び込んだ。
　「当時流行っていたイノベーティブな分
子料理も面白いと感じましたが、私が追
究したいのは何度食べても飽きない、も
っと本質的な味わいだった」とスペイン
修業中に気づきを得た東シェフは、"日
本の素晴らしい食材の味わいを最大限に
引き出す、自分にしかできないスペイン
料理"を志す。その東流スペイン料理の
代名詞とも言えるのがコース序盤に登場

するスペシャリテ「小肌のボカディージョ」である。スペインのバルで惣菜として日常的に楽しまれているオープンサンドイッチを、日本らしく小肌でアレンジした一品。日本人にとっては鮨ネタとして馴染み深い小肌をまろやかな酢で〆て、やはり握り鮨のように一貫仕立てにしているのも印象的だ。

またコース終盤のハイライトといえば、これもまた名物の「パエリア」だ。春はホタルイカ、夏は鮑、秋は秋刀魚、冬はカニや穴子など、日本の四季折々の食材が米とともに炊かれ、目の前に鉄鍋で供される様には、芝居用語で言うところの

"じわ"が来る。初来店のゲストもリピーターも一様にさざめき、小さな歓声を上げるのだ。

「たとえば魚ひとつとっても、その日の脂の乗り具合は捌いてみなければわからない。同じ料理であっても毎日微調整を続けて、初めて食べたときの感動が薄れないよう、お客様をいい意味で裏切り続けていきたいんです」

まっすぐ衒いのない料理をつくり続ける東シェフの視点は本質を常に捉え、その信念はブレることがない。日本とスペインの食材・食文化を融通無碍に行き来する『acá』が君臨し続ける理由がここに。

FIVE QUESTIONS TO ASK MINEMURA

Q 数年後の
お店の目標は？

A 愛媛県の大島で、藤本さんの獲れたての魚を突き詰められる店を開きたいです。そして、技術や足し算で美味しい料理を提供するカジュアルな新店も含めた3軒で、スタッフたちが独立するための勉強ができる環境をつくりたいです。

Q 理想とする料理人の
あり方とは？

A 僕がお世話になっている生産者の中には、ものすごい努力の上に少ししか取れないものを、僕を選んで回してくださる方もいます。そのおいしさをいかにお客様に届けるか、日々一途に料理と向き合うことが大切だと思っています。

Q 一番大切にしている
道具は何ですか？

A 『月山義高刃物店』の和包丁は日本一です。精密に研ぎ上げた鋼の包丁にしか出せない味があります。特に薄刃包丁は、繊維をほとんど壊さずに切れるので、野菜の嫌な臭いが出ずに旨味だけを活かした、最高の出汁を取ることができます。

Q 一番好きな食材は
なんですか？

A 西洋料理の基本でもある玉葱です。辛味や苦味が出やすく実は難しい食材で、それ故に、きちんと扱うことができれば、旨味も出て、料理が一段階アップします。いまでもさらに突き詰めようと思っている野菜で、自分の料理の原点です。

Q 思い出の一皿を
教えて下さい。

A 子どもの頃、祖母がつくってくれた豚の角煮です。何でも手間を掛けて手づくりする人で、カレーも粉からつくっていました。祖母のおかげで、食べることも好きになり、料理の面白さも知ることができました。この道を選んだのも祖母の影響です。

FIVE QUESTIONS TO ASK AZUMA

Q 休日の過ごし方を
教えてください。

A まず家族の住む京都へ向かうため、新幹線に乗ります。妻やこどもたちと合流したら、大原の朝市へ。生産者の方たちとお話しながら地元の野菜を求めたり、畑でコーヒーや朝ごはんをいただいたりと、ゆっくりとした時間を過ごしています。

Q 料理人に
なっていなかったら？

A 料理人になっていない自分は想像が難しいですが、ぼくはファッションが好きなので、好きなモノを見つけて買い付けるバイヤーになっていたかもしれません。食材を選んだり、買い付けたりするのは同じこと。料理人になれて良かったです。

Q 普段遣いで行くお店が
あれば教えてください。

A 休日は京都に帰っていますし、身体のためを考えて深夜に食事をすることは控えています。なので、外食する機会は少ないのですが、友人や仲間とたまに行くのは鹿浜の「スタミナ苑」。よく食べるのはホルモンです。

Q 10年後、ご自身は
どうなっている？

A 変わらず料理人を続けているんじゃないでしょうか。数年で料理のスタイルや流行は変わっていきますが、その本質は不変だと信じているので。後進を育て、スペイン料理の店として独立させていくこともいつも意識しています。

Q 理想とする
料理人のあり方は？

A 細部まで心配りできて、お客さまのお好みを記憶して、よろこんでいただけるような料理をつくることですね。結局は何事も人間力だろうと思っています。人として魅力のある人がやっぱり求心力も持っていますよね。

003

———

ゆずの飯蒸し

Steamed Yuzu
with Sticky Rice

ゆずの中身をくり抜き、3回茹でこぼした後、醤油などでゆっくりと炊くことで、ゆずの風味を保ちつつ薄く味付け。その後、もち米を中身に詰めて菜種油と太白胡麻油でカラリと揚げる。ダイオウマツの上にあしらう盛り付けで、一層ゆずの黄色が鮮やかに。1月のコースの序盤に出るこの一品は、まずは炊きたてのご飯でお腹を温めてもらいたい。そんな緒方俊郎氏の物言わぬメッセージでもある。緒方氏曰く「茶懐石の四つ椀を自分流に崩した形」であるとも

TEXT: SHOKO NISHIMURA
PHOTO: KOJI FUJITA

緒方

オガタ

★★★★⯪ 4.59

GENRE
日本料理

NEAREST STATION
京都府・四条

📞075-344-8000
京都府京都市下京区綾小路西洞院東入新
釜座町726
◉¥40,000〜¥49,999
🕐¥50,000〜¥59,999

amanekenama／一品一品がメインといっ
てもよいように感じますが、終わって
みるととてもバランスよく、お腹具合も
ちょうどよいのです。

　京都の市中、四条烏丸からほど近い路
地「膏薬図子」に、京町家の面影を今に
伝えつつひっそりと佇む『緒方』。日本
の数寄屋建築を知り尽くす名工『中村外
二工務店』が改修改装を手がけ、無垢の
素材だけを用いて熟考された仕事が建物
の隅々にまで宿る。一見簡素に見えるも、
回を重ね訪れるととときを経たことでより
落ち着いた、美しく心地よい空間になっ
ていることに気づく。

　数寄屋空間を舞台に腕をふるうのは、
京都の数々の名店で料理長を務めてきた
店主・緒方俊郎氏だ。2008年にこの地
に店を構えて以来、緒方氏独自の感性と

技で唯一無二の料理を表現してきた料理
人である。

　「素材との出合いが料理をすることの大
きな動機となり、素材が素晴らしいと一
気にテンションが上がります。まずは、
目の前の素材を眺め、『どこの海でどん
な餌を食べて育った魚なのだろう』『ど
んな土壌の中で育った野菜なのだろう』
と背景となる自然風土を思い巡らしなが
ら、料理の核を何にするかを考えます」

　素材自身が持つ五味を見極め、味をつ
けるというより味を補うのが緒方氏のス
タイル。その表現がメッセージとなり、
独創の10余品で客を魅了する。いずれ

の料理も一見シンプルに映るが、魚も野菜もその本質を崩さないように緻密で繊細な表現がなされる。それは、塩の加減であったり、火入れの緩急であったり、切り方の形状であったり……。料理によってその都度変わり、変幻自在な仕事で持ち味と新味を生んでいる。

たとえば、コースの序盤に供される「ゆずの飯蒸し」。中身をくり抜いたゆずに餅米を詰めて揚げた調理法だが、餅米の旨みとゆず、そこに醤油などがふわりと漂う上品な味付け。この一品ひとつっても緒方氏の真髄は見て取れる。

「蒸し鮑と黒豆」は、1時間30分〜2時間かけて蒸し上げた鮑と、湯がいただけの黒豆をふくめ煮にして、醤油仕立ての餡をかけただけのシンプルな一皿。「雲子と豆腐の椀」にも、〝椀種は精進にする〟という緒方氏ならではの哲学がしっかりと息づいており、昆布出汁で炊いた絹ごしの豆腐を使う。鰹出汁をはるのではなく、雲子（鱈の白子）を裏ごししてすり流しにする点も緒方流だ。

いずれの料理も食材への慈愛に満ち、独創に富み、じわじわと広がる味わいが深い余韻となる。静寂にして存在感を放つ料理、建物、器が一体となり、この上ない至福の記憶を残す。

004

目鯛の幽庵焼き

Yuan-grilled Japanese Butterfish

氷見や能登などの湾で獲れる深海魚を幽庵焼きに。寒の時期に旬を迎える目鯛であるが、かつては港に仕入れに行っても見向きもしなかった魚だったという。「鰤や鮪や迷い鰹のように主役になるような魚ではありませんが、こうした魚もコースの中にあると輝きます。この時期にしか楽しめない本当の旬の味が出せる魚だと思っています」。目鯛の脂には醤油などの焦げた香りが合うと、幽庵焼きや味噌漬けにして焼いて出す

TEXT: MACKY MAKIMOTO
PHOTO: SHINJO ARAI

片折

カタオリ

★★★★⯪ 4.64

GENRE
日本料理

AREA
石川県・金沢市

📞076-255-1446
石川県金沢市並木町3-36
◉¥40,000〜¥49,999
🌙¥40,000〜¥49,999
（松茸と蟹の時期は時価）

ぺーぱーかんぱにー／食後感も含めいつ
来てもパーフェクトな片折さん。生涯通
い続けたいお店の一つです。

『片折』では最初に、季節の食材と合わせた炊き立てのお粥が出される。「お粥を最初にお出しするのは、僕自身が体調を崩したときに祖母がつくってくれたお粥に感動した経験からです。同じ気持ちをお客さまにお届けし、心と体を温めて頂きたい。季節の品を加えますが、それとて邪魔しないような一体感を生むように仕上げています」。片折卓矢氏は、そう言って、口元を引き締められた。『片折』の料理は、この言葉に集約されるだろう。毎日、金沢から氷見漁港や、能登半島、或いは金沢市内の野山などへ百数十kmも車を走らせて仕入れに行くのも、

北陸の優れた食材の最高峰を手に入れ、お客に届けたい。その一心からで、微塵の妥協もない。

「野菜も採れたての土の香りがするものを使いたい。だからこそ在来の固有種の野菜を育てる農家へ足を運ぶようになったんです。市場では、生産者の顔が見えなかったんです」と、自ら生産者を求め四方へと足を延ばす。

また『片折』では、目の前で鰹節を削って、昆布出汁に入れ、猪口に入れて出す。この昆布出汁も、お客が来る4時間前から、火を消したりつけたりしながら抽出したものである。その結実が、あの

鮟鱇のお椀だろう。鮟鱇の筋肉質のブリ
ブリとした食感と蕪の優しさが見事に出
合い、飲み進むうちに、微塵の臭みも淀
みもない、純粋な鮟鱇の香りがおつゆに
満ちていく。

またコースの留めとなるご飯の前には、
里芋の煮っころがしや干しワラビのひろ
うすといった、ともすると地味な食材を
使った一皿が出される。いまの割烹では
珍しい料理だが、里芋には尊厳を感じる
食感があり、味も洗練しすぎでも野暮っ
たくもない。締めとして余韻を引きずら
ない一点に味を留めているからこそ、心
を打つ料理へと仕上がっている。

もちろん『片折』では、松茸や松葉蟹、
河豚などの高級食材も出されるが、どの
食材にも貴賤がない。たとえば前頁で紹
介した目鯛がそうだろう。割烹ではほぼ
使わない魚であるが、良い漁場で獲れた
新鮮な目鯛は、さらりとした上品な身質
ながら、皮下からはバターのように豊潤
な脂が溶け出して驚かされる。

「たぶん5年前には、目鯛の良さに気づ
いていなかった。でも毎日港に通ううち
に知ることができました。石川には、自
分の知らない宝物がもっとあるかもしれ
ない。理想はまだまだ先です」と、片折
氏は、未来へと目を輝かせた。

FIVE QUESTIONS TO ASK OGATA

Q 今一番、再訪したい
お店はどこですか？

A 多くの店がありますが、その中でも
印象に残っているのが、中京にあっ
た日本料理『南一』です。切り干し
大根やおから、菜っ葉といった力の入ってい
ない、いい料理をお出ししていたお店です。
ご主人や板前さんの感じもよかったです。

Q 思い出の一皿を
教えて下さい。

A 子どもの頃に祖母がつくってくれた
山菜料理です。イタドリの炊いたん
や、つくしの炊いたんを春になると
つくってくれたのを覚えています。地味な料
理ではありますが、今もなつかしくしっかり
記憶に残っています。

Q 一番大切にしている
道具は何ですか？

A 包丁など料理人として大切にしてい
る道具はたくさんありますが、一番
身近なのはユニフォームですね。私
で言えばそれは白衣。羽織った瞬間、料理人
の顔になれる言わばスイッチ。この姿になっ
た瞬間、集中力が高まります。

Q 休日の過ごし方を
教えて下さい。

A 休日はほとんどないのですが、週2
回の水汲みと畑に行く時間でしょう
か。春の光、夏の匂い、秋の気配、
冬の足音など、季節を感じられる時間は何よ
りも大切な息抜きになっています。集中しな
くていい時間を大切にしています。

Q 理想とする料理人の
あり方とは？

A 自分が感動できないもので人を感動
させられません。そのためにも自分
を高めていくことが大切です。それ
は楽なことではありませんが、それでも前に
向かって、料理に対して挑戦していくことが
できる料理人でありたいですね。

FIVE QUESTIONS TO ASK KATAORI

Q 数年後の
お店の目標は？

A 最強ではなく最高のチームを作りたい。お客様に、幸せと感動を届けることができるお店にしたいと考えています。そのためには自分と店の仲間達も幸せな気持ちになれるように、活気と笑顔の絶えない店づくりをしたいです。

Q 休日の過ごし方を
教えてください。

A 休日は子どもたちに愛情を注ぐ時間にすると決めています。子ども達の笑顔を見ていると、自分が本当に幸せな気持ちになっていくのを感じます。家族を幸せにしていくことが私の務めだと、心から思っています。

Q シェフの愛読書を
教えて下さい。

A 愛読書はたくさんありますが、最近とくに繰り返し読んでいるものはスティーブン・R・コヴィー博士の「7つの習慣」、西山知義さんの「想い」、斎藤一人さんの本。どれも自分を勇気づけ、幸せにしてくれる僕のバイブルです。

Q 一番大切にしている
道具は何ですか？

A 道具と言っていいかわかりませんが、仕入れに使っている軽四輪車です。毎日、様々な場所へ行き、山にも入ったりと、これがあるおかげでお客様に僕の料理や『片折』ならではの世界観が表現できていると思っています。

Q 10年後、ご自身は
どうなっている？

A これは正直、わからないという答えになります。というのも、毎日毎日を一生懸命に向き合ったその先にしか見いだせないと思うからです。願望としては家族、仲間、お客様を少しでも幸せにできる人間に成長していきたいですね。

山羊乳の
バヴァロア

Goat Milk Bavarois

『カンテサンス』の代名詞である「山羊
乳のバヴァロア」。2006年の開店当初、
ほぼ白一色のビジュアルと簡潔にして緻
密な構成で、たちまちその名を知らしめ
た。京都・るり渓にある農園で育った山
羊乳でつくるバヴァロアが主役のように
も見えるが、その実、オリーブオイルとゲ
ランドの塩を味わうためのもの。毎年秋
に初物のオイルをテイスティングし、2
〜3種類のブレンド比率を決める。定番
でありながらブラッシュアップし続ける、
岸田周三氏の哲学を具現化する一品

TEXT: HARUKA KOISHIHARA
PHOTO: SHINJO ARAI

Quintessence

カンテサンス

★★★★⯪ 4.53

GENRE
フレンチ

NEAREST STATION
東京都・北品川

📞03-6277-0090（予約専用）
📞03-6277-0485（お問い合わせ・リコンファームなど）
東京都品川区北品川6-7-29
ガーデンシティ品川 御殿山1F
🕐￥30,000〜￥39,999

中目のやっこさん／決して妥協しない個々の素材の持ち味を接合して一つのお皿に表現。

　17年前。レストラン『カンテサンス』の、そしてシェフ・岸田周三氏の登場は実に鮮烈だった。完全なおまかせコースであることを伝える白紙のメニューブックに唸らされ、そのときから現在に至るまで不動のスペシャリテである「山羊乳のバヴァロア」の、ストイックな美しさとピュアな味わいに感嘆した。

　当時も今も、岸田氏が掲げる理念は変わらない。新鮮な、あるいはベストな状態に熟成させた「プロデュイ（素材）」を尊重すること。それらに的確な「キュイッソン（火入れ）」を施すこと。そして、自身が "こうするのがおいしい" という

メッセージを込めた「アセゾネ（味付け）」をした一皿に仕上げること。ぶれない思考を貫き続ける姿には「早熟の天才」という形容が相応しい。聞けば前述の「山羊乳のバヴァロア」は、パリでの修業時代に原型を考案。「将来、シェフになったら出す」と温め続けていたという。

　「リ・ド・ヴォーのタブレ」は既成概念への疑問から生まれた。「クスクスはお湯で戻すものとされていますが、味気なく感じていました。一方、粒が小さく戻す水分が少なくていいことはクスクスの利点。ならば、おいしい液体で戻して味を含ませればおいしくなるのでは、と」

そこで、芹のスープでクスクスを戻し、味わいも彩りも満足いく一品に。衣をつけて揚げたリ・ド・ヴォーやトランペット茸などを添えて食感も楽しく、冷菜に見えて実は熱々という仕掛けも巧みだ。

「ナス　フォアグラ　カカオ」は、ミルフィーユのような形状が美しい。ゲストがどこから切っても岸田氏がイメージした黄金比率の味になるようにと、考え抜いた。そしてカカオを料理に取り入れたのは、南米の伝統的なソース「モレ」がヒントだ。「エキゾチックな要素は巧く取り入れれば新鮮な印象に。ただ、フュージョンにならないよう、主軸はあくまでフレンチであることが肝要です」

だからだろうか、合わせたのはフレンチで馴染み深い食材・フォアグラ。「手をかけずに出したほうが好まれますし、存在感があるがゆえに個性を発揮しづらい素材です。でも、フランス料理の魅力は〝構築性〟。味はシンプルでも、香りやテクスチャーなどの要素を掛け合わせたり、食材の新たな一面に光を当てて他にはない料理を生み出すことに、料理人の存在意義があると思っています」

フランス料理の韻を踏みつつ『カンテサンス』でしか体験できない感動をもたらす一皿を、岸田氏はたゆまず探求する。

鼈の竜田揚げ

Tatsuta-Style
Fried Softshell Turtle

滋賀で開業した当初より、料理に欠かさ
ず取り入れてきた食材が鼈。「僕が子ど
もの頃に遊んでいた川や沼では、よく鼈
を見かけました。近所に京都の名店に卸
している漁師さんもいたので、そこから
仕入れ始めたのがきっかけです」と、店
主の篠原武将氏。天然物から季節ごとに
異なる最も身質の良いサイズを厳選し、臭
みを抜く処理にもこだわりと秘義がある
という。焼き物や椀種など多彩なレパー
トリーの中でも、身の旨みを閉じ込めた
竜田揚げは、噛むほどに味わいが深まる

TEXT: YUMI SATO
PHOTO: TAKAHIRO TSUJI

銀座 しのはら

ギンザ シノハラ

★★★★⋆ 4.59

GENRE
日本料理

NEAREST STATION
東京都・銀座一丁目

📞03-6263-0345
東京都中央区銀座2-8-17
ハビウル銀座2 B1F
◉¥40,000〜¥49,999
◐¥40,000〜¥49,999

たちばな ななみ／いやー、大将は話が
上手だし、料理は一捻りがされているし
で、最高のひとときでした☆

「日本料理とはただおいしい料理を出す
だけではない。お客様に心から喜んでい
ただいてこそ成立するもの」。店主・篠
原武将氏は自身で店を構えて17年間、
その信念を具現化してきた人だ。

　大阪、京都の名立たる日本料理店で修
業の後、弱冠26歳で故郷の滋賀県湖南
市に開いた『しのはら』。当初は座敷を
中心とした会食や法事向けの店として、
地元客に喜ばれる各地の珍しい食材で料
理を供していた。しかし、その腕が話題
となり県外からのお客が増えると共に、
季節を感じさせる地元食材を活かした独
自の料理を確立し始めた。そして2016

年、銀座への移転を機にカウンター席に
することで、料理のライブ感や香り、対
面での会話などで、お客をより楽しませ
るスタイルへと進化してきた。

　料理においてもそのもてなしの精神は
一貫し、一度つくった料理を翌年同じレ
シピで出すことはほとんどない。それは、
一年を通して必ずコースに起用する鼈や
甲殻類も同様で、その料理バリエーショ
ンの幅広さは日本屈指ともいえる。「日
本料理では同じ料理をつくり続ける美学
もありますが、僕がつくるのは自分のた
めではなく、お客様のための料理。お客
様の多くが甲殻類を出すと喜んでくださ

るので、その気持ちに応えるために様々な知恵や工夫を凝らしています」

篠原氏の料理はギミックに富んでいるが、それが限りなくピュアで、衒いがない。走りから名残りまで季節の食材を駆使して、滋賀の山野を連想させる八寸は、うっとりと見とれてしまうほどダイナミックで優美な盛り込みに。一方、玉鋼の鉄板で一気に焼き上げる真鴨は、その温度と肉汁を堪能できるよう、簡素に素早く提供する。雲丹と白子の柚子窯焼きは、胡麻豆腐を忍ばせ、なめこのとろみでまとめることで、山海の冬の幸に一体感を生み出す。いずれも豪奢な食材をふんだんに使いながらも、どこか楚々とした野趣を感じさせる。「僕がつくるのは田舎料理です。それは田舎にある料理ではなく、田舎で育った僕が見てきた景色や、経験した出来事、季節に出合った食材を礎に生まれる料理。そこに、花祭りなど伝統行事や風習などを取り入れることで、食を通して日本文化の尊さを、お客様にも享受していただけたら嬉しいです」

お客を喜ばせたい。ただ、その一心で料理やサービス、店づくりに向き合い、自身の哲学を見出してきた篠原氏。他が真似ることのできない、食体験の愉悦こそが、この店が選ばれる一番の理由だ。

FIVE QUESTIONS TO ASK KISHIDA

Q 理想とする料理人の
あり方とは?

A "自分の料理"に責任を持って仕事
をする、でしょうか。「シェフはオ
ーケストラでいうなら指揮者だから
楽器は弾かない」という人もいるけれど、僕
は仕込みから仕上げまでスタッフと一緒にや
ってこそだと思っています。

Q 10年後、ご自身は
どうなっている?

A 以前は50歳で現場は引退するつも
りでした。でも48歳の今、この先
10年は厨房に立てる気がしていま
す。2019年3月に営業時間を変えて睡眠時
間が増え、同時に身体を鍛えてコンディショ
ンが向上したんです。集中力も高まりました。

Q 一番大切にしている
道具は何ですか?

A 調理道具として執着はありませんが、
あえていうなら、師匠（岸田氏の修
業先であるパリの『アストランス』
のシェフ、パスカル・バルボ氏）からもらっ
た、骨付き肉を外すときに使うナイフですね。
今も大切に使っています。

Q 休日の過ごし方を
教えて下さい。

A おいしいものを食べるのが好きなの
で、外食は欠かしません。そして、
トレーニングも必ず行います。自分
がおいしいものを食べるためにも、自分がお
いしいものをつくってお客様にお出しするに
も、やはり体が資本ですので。

Q 今一番、再訪したい
お店はどこですか?

A 再訪したいお店もたくさんあります
が、それよりも新しい店に行ってみ
たいです。感動は満足の上にあり、
そしてそれは想像のつくものや既に体験した
ものからは得られないので、「いつか行きた
い店」は全国にたくさんあります。

FIVE QUESTIONS TO ASK SHINOHARA

Q 理想とする料理人の
あり方とは？

A どのようなお客様でも喜ばせること
ができる人間であるべきだと思いま
す。料理はそのための一手段でしか
ありません。店で過ごしていただく空間や時
間の中でいかに楽しんでいただくか、あらゆ
る面で心を尽くすことに力を入れています。

Q 一番大切にしている
道具は何ですか？

A 僕は道具をあまりたくさん持たず、
あるもので工夫するのが好きです。
八寸など細かい仕事もすべて、長年
使っている柳刃包丁一本で行います。新しい
道具に機能性を追い求めるよりも、少ない物
を長く大事に使う方が僕に向いています。

Q 料理人に
なっていなかったら？

A 最近、同級生でもある友人の格闘家
の試合を観に行き、自分の身体を鍛
錬して戦う姿に、羨ましさを感じま
した。また、島耕作のようにサラリーマンと
して会社の中で戦いながら、這い上がってい
くような生き方も面白そうですね。

Q 今一番、再訪したい
お店はどこですか？

A 最後の修業先だった京都の『山玄茶』
に行きたいです。28歳のときに家
族の祝い事で伺って以来、伺えてい
ません。大将がつくる「煮物椀」は特に素晴
らしいもので、修業時代にもつくらせてもらえ
なかった、いまでも心に残る特別な料理です。

Q 料理人に修業は
必要か否か？

A 100％必要です。料理の技術を学ぶ
ことは修業ではなく練習で、センス
があればできる人もいると思います。
ただし、客前での気持ちのつくり方、ミスを
したときにリカバリーするメンタルは、修業
でなければ学べないものだと思います。

清淡干鮑

Qingdan Gan Bao

世界屈指の名産地・岩手県吉浜の干し鮑は、元は200gほどもある35頭サイズを使用。水に浸けて2日、金華ハムや鶏肉のスープで2日炊き、4～5日ほどかけて戻している。口に入れた瞬間、良質な昆布を食べて育まれた鮑の磯の香りが広がり、程よく食感を残すことで、噛む度に旨味があふれ出す。濃厚なソースでいただく干し鮑とは対極を成す、滋味深い味わいが魅力だ。この心地よい余韻に寄り添う、和出汁のような旨みを感じる雲南省の白茶「古樹銀針」を楽しみたい

TEXT: YUMI SATO
PHOTO: TAKAHIRO TSUJI

茶禅華

サゼンカ

★★★★★ 4.52

GENRE
中華料理

NEAREST STATION
東京都・広尾

📞050-3188-8819（予約専用番号）
東京都港区南麻布4-7-5
🕐￥50,000～￥59,999

yoshimurakei／様々なエッセンスを取り入れ上手く「茶禅華流」に昇華されているなという印象を受けました。

『茶禅華』の料理は、いわゆるフュージョンなどの類ではない。中国料理と日本料理の境界線はどこにあるのか。その真理を探究し続けた先に見えた景色こそが、川田智也氏がつくる料理であり、比類なき『茶禅華』の世界観なのだ。

　四川料理の名店『麻布 長江』で研鑽を積んだ川田氏は、10年にわたる修業の中で、中国料理の方法論だけでは、日本の食材が持つ天性が活かしきれないことを悟る。そして、その技を最も熟知する日本料理の世界へ飛び込み、思いがけず出合ったのが「和魂漢才」という思想だ。「中国から伝来した素晴らしい文化を、日本古来の精神や美意識といかに調和し、昇華させるのか。まさに自分が求めてきた答えが、この言葉に集約されていました。それまで僕が学んできた中国の伝統料理や文化を1000年以上も前から取り入れ、独自の文化へと進化してきたのが日本料理。自分の料理を確立するには、この和漢を理解し体現することが、命題だと気づかされました」

　日本の豊かさを表現する心。そして、その豊かさを中国料理でどのように表現するのかを主眼に置いた料理は、まず食材の声を聴くことから始まる。石灰やもみ殻ではなく、紅茶の茶葉をまぶして熟

成させた、四川伝統の食材「黄金皮蛋」。生キャラメルのように甘く濃厚な味わいの黄身はそのままに、味の強い黄身周辺は豆乳でマイルドに味を調え、美しいゼリー状の白身は中国紅茶「正山小種」のジュレと合わせ、その輝きと香りを増す。これを一口でいただくと、素材本来の魅力がより多層的に表現されていることに驚かされる。

こうした緻密で繊細な料理で構成されるコースに、より一層奥行きをもたらすのがペアリングだ。中でも、中国、台湾、日本のお茶を合わせるティーペアリングは、料理の試作段階から川田氏が自らセレクトを行う。「日本酒やワインと異なり、茶葉の種類をはじめ、水質、温度、淹れ方次第で、お茶は数万通りの味わいが無限に表現できるもの。あまりセオリーにはとらわれず、料理のひとつのような感覚で、コースの余韻や余白に寄り添わせることを大事にしています」

日本で開花した茶の湯もまた、中国伝来の文化のひとつ。心尽くしのもてなしのために、和漢の真理を追究し、日本人にしかつくりえない、中華の新境地を切り開く。日本の食の歴史において、『茶禅華』がエポックメイキングな存在となることは間違いないだろう。

鴨 饅 頭

Fried Duck Meatball
in Thick Broth

正月のメイン料理として供される、『京味』から受け継ぐ一品。合鴨のミンチを甘辛く炊き、葛でとろみをつけたものを、百合根で包む。砕いたおかきをまぶして太白油で揚げた後、さらにそれを蒸して、一番出汁の餡を掛けて仕上げる。饅頭を崩しながら餡と混ぜていただくことで、おかきの香ばしさに百合根の甘み、鴨の旨み、出汁の香りのめくるめく変化を一口で楽しませる。百合根を使用する時は橋渡しとなる餡の濃度を緩めるなど、黄金バランスの精度を高め続けている

TEXT: YUMI SATO
PHOTO: TAKAHIRO TSUJI

新ばし 星野

シンバシ ホシノ

★★★★⯪ 4.62

GENRE
日本料理

NEAREST STATION
東京都・御成門

📞03-6450-1818
東京都港区新橋5-31-3
🕐¥40,000〜¥49,999

コエコエ0828／今日も、星野さんしか
できない、季節の味を届けてくれます。

　おいしさこそが、正義。それ以外は無
用にすら感じさせる、真っ直ぐな想いと
緻密なまでの味わいが、食べ手の胸を打
つ。独立から10年を経た星野芳明氏の
料理はいま、そんな力強さに満ちている。
その源は、同じ料理を磨き続けると決め
た信条にある。
　「オープン当初は、毎月新たな料理を取
り入れていましたが、上辺だけのものに
なるくらいならやめてしまおうと。季節
ごとに、毎年楽しみにしていただけるよ
うな、絶対的に美味しい定番料理を固め
ていこうと決めました」
　近年その骨組みが概ね固まりつつある
という献立は、12年研鑽を積んだ『京味』
の名作をベースにしているが、そのどれ
もが星野氏の感性と鍛錬により、年々磨
きがかかっている。同じ料理をつくり続
けることで、その精度は必然的に上がり
続けるだろう。しかし、そこに飽くこと
なく、毎年、毎回つくる度に、温度やタ
イミング、順番などほんのわずかな調理
ディテールにも試作や研究を重ね、小さ
な変化を加えては元に戻してを繰り返す。
不器用ゆえのやり方だと自身では言うが、
並大抵の信念と探求心では成しえない道
を歩み続けている。
　そして、もう一つ星野氏の料理に力を

与える大きな存在が、生産者との絆だ。春の筍は、静岡の生産者から掘りたてを空気に触れない状態で直送される。届いたらすぐに調理することでアクが出にくく、丸焼きや直炊きなど調理の幅も広げてくれた。鮎は山梨から始まり、岐阜、富山、新潟、秋田まで、旬と共に産地を変えるが、いずれも腕の良い漁師から活魚の状態で届く。修業時代からの付き合いという神戸の鮮魚店からは、朝〆した明石の真鯛が空輸で昼には店に着く。この半日寝かせた鯛は、身がまだつるりとしながらも旨みは豊かで、ほんの30分昆布〆にするだけで完璧な味わいに仕上がるという。

「現地を訪れる度に、つくり手への感謝と仲間意識が増していきます。一品一品が生産者とうちの店の総合力で成り立つ料理なので、食材の味わいありきで調理方法や仕上がりを考えています。ただ格好良くつくったとしても、おいしくなかったら意味がありませんから」

確固たる信念と鍛錬、そして全国の仲間たちに支えられ、日々進化を遂げる星野氏の料理だが、そこに気負いや傲慢さは微塵もない。そこにあるのは自身がこよなく愛する〝おいしいもの〟を届けたいという、無垢なる想いただ一つだ。

FIVE QUESTIONS TO ASK KAWADA

Q 最も影響を受けた
本を教えてください。

A 日本料理の世界で感銘を受けた「真味只是淡（真の味は淡きところに宿る）」という言葉を紐解くと、そのルーツは中国古典の「菜根譚」にありました。「淡」という字には日本料理を表す水と、中国料理の炎が含まれている点も興味深いです。

Q 座右の銘を
教えて下さい。

A 「料理が好きで料理人」という、日本料理を学ばせていただいた『日本料理 龍吟』の、山本征治シェフの言葉です。あらゆる事が起きようとも、自分のやるべき料理と向き合い日々精進していく。この言葉がずっと心の支えになっています。

Q ご自身のジャンル以外で
好きな料理を教えて下さい。

A 日本料理の椀物です。世界で一番短時間で引ける出汁と言われますが、昆布や鰹節の熟成から考えると、ものすごい労力と時間がかかっている料理です。特に、僕の人生を変えた『日本料理 龍吟』の「鱧のお椀」の感動は忘れられません。

Q 一番好きな食材は
なんですか？

A 僕の中で、蜆はキングオブ貝ですね。毎朝、蜆の味噌汁は欠かさず飲みますが、コクがあって美味しいだけではなく、身体を滋養してくれるという医食同源が備わっています。毎日食べても飽きず、それを楽しみに早く寝たいくらいです。

Q 10年後、ご自身は
どうなっている？

A もっと料理が上手になりたいという願望はあります。その上で、お客様にもっと喜んでいただけるような、存在になれたら幸せです。その先の夢は100歳でも変わらず炒飯を振れること。そのために日々の健康管理には気を使っています。

FIVE QUESTIONS TO ASK HOSHINO

Q 長年通っているお店が
あれば教えて下さい。

A 毎年、季節ごとに伺っているのは
『と村』です。独立して間もない頃
から9年ほど通わせていただいてい
ますが、毎回訪れる度に驚きと発見があり、
そのレベルに理解が追いつけないほど。戸村
さんは僕に最も刺激を与えてくださる方です。

Q 一番大切にしている
道具は何ですか？

A 最近、戸村さんに『雲井窯』をご紹
介いただき、中川一辺陶さんの丸鍋
を使っています。本当は土鍋も欲し
いのですが、オープン以来使い続けている、
合羽橋で買った土鍋がどうも手放せず……。
扱いなれたものが良いのかもしれません。

Q 10年後、ご自身は
どうなっている？

A これまでの10年で、自分の店を組
み立てる上での料理観がすごく変わ
りました。より細かいことに気づく
ようになったのは、同じ料理をつくり続けた
からこそ。さらに10年続けることで、料理
の精度を完璧に仕上げていると思います。

Q ご自身のジャンル以外で
好きな料理を教えて下さい。

A 僕は食べ歩きが好きで、やっぱり和
食が多くなりますが、中華やフレン
チもよく行きます。僕はお酒が好き
なので、おいしい料理と合わせて楽しめるこ
とが至福です。外食は休日くらいしか行けず、
お客様に誘っていただくことも多いです。

Q 修業先はどのように
決めましたか？

A 『エコール・キュリネール国立』の
日本料理専攻に在学中、『京味』で
の臨時アルバイトを紹介されたこと
が、店に入るきっかけでした。当時は知る人
ぞ知る店で、僕はその存在すら知らなかった
ので、すごくラッキーな出合いでした。

鮪
Tuna

コースでは、鮪の様々な部位の味わいを
楽しむことができる。新井祐一氏曰く
「赤身の美味しさを求めるなら背中側、
脂を求めるなら腹側」。写真は左から、
「大トロ」「中トロ(背中側)」「赤身(背中
側)」。この日は大目流し網漁で獲れた気
仙沼産の鮪。おまかせでは8〜9カン
ほど供される握りだが、そのうちのおよ
そ半分はお好みで握るのに対し、鮪はそ
の時々の部位をすべて出すという。酢飯
の古々米も、秋田産コシヒカリや宮城産
ひとめぼれなど、その時に最も出来のよ
いものが厳選されている

TEXT: MEGUMI KOMATSU
PHOTO: SHINJO ARAI

鮨 あらい

スシ アライ

★★★★☆ 4.57

GENRE
寿司

AREA
東京都・銀座

📞03-6264-5855
東京都中央区銀座 8-10-2 ルアンビル
◉¥30,000〜¥39,999
🌑¥40,000〜¥49,999

*みるみんく／*粒の立ったシャリは、はらりと口の中でほどけ、香り立つタネと相まって、素晴らしく美味しかったです。

店主の新井祐一氏は幼い頃から板前に憧れ、銀座『久兵衛』で9年、四谷『すし匠』で6年修業した。「銀座で開業する」という長年の夢を叶え『鮨あらい』を開いたのは、2015年10月、33歳のとき。以後またたく間に人気店となったこの店は、鮪の握りに定評がある。

コースに登場する鮪の握りは、昼夜ともに5貫ほど。鮪は新井氏が信頼をおく仲卸『やま幸』が、その時期に最もよい漁場から仕入れたものだ。「鮪のおいしさをお腹が空いているときに味わってほしい」ということで序盤に出されるのは、炊き立ての温かな酢飯がトロの甘みと旨みを引き立てる「トロ鉄火巻き」。香りのよい赤身の漬けや、背中側と腹側のトロの食べ比べができるのも、この店の醍醐味だ。

「鮪は脂も大切ですが、それよりも香りのある鮪を握るとテンションがあがります」とかく言う新井氏は、鮪の魅力に寄り添う酢飯を理想とし、厳選した、そのときに最も出来のよい古々米を数種の赤酢と米酢を使い仕立てている。

小肌や活き車海老などの寿司種も、この酢飯に合うように仕込んだもの。通年ではなく「質の良い時期だけ仕入れる」という穴子は、ふんわりと煮たものを焼

き、香ばしさをつけて握る。いずれも修業先の流儀にとらわれず、新井氏自身の感性を活かした寿司だ。

　一方、コースの中には修業先の四谷『すし匠』の流儀を踏襲したものも2品だけある。そのひとつは、2020年の夏から出すようになった「おはぎ」。鮪の中落ちに刻んだ葱とたくあんを混ぜたものを種とする握りだ。もうひとつは、なめらかなあん肝に小スイカの奈良漬けをのせた、つまみの「あん肝」。その他のつまみは、塩ゆでして香りを活かした「煮だこ」や、煮汁に漬けて味を含ませた「煮はまぐり」など、江戸前の伝統的

な品が中心だ。締めの玉子焼は芝海老と白身魚のすり身と卵黄をたっぷり使い、じっくりと焼き上げたもの。表面は香ばしく、中はふんわりと軽くて甘い、カステラのような玉子焼である。

　2021年より新井氏は同ビルの2階にできた8席のカウンターに立ち寿司を握っている。無論、2階では寿司とともに新井氏の軽妙なトークが楽しめる醍醐味は以前と変わっていない。一方で大勢のスタッフを雇い、地下にあった店を任せるなど若手が働くことができる環境づくりを整えてきた。『鮨 あらい』の第2章は、ここからどんな物語を紡ぐだろう。

010

鮪

Tuna

「野球でいうなら、鮪は4番バッター。
花形です」と話す齋藤孝司氏。切り付け
てから暫くおいて常温近くまで戻すのは、
冷たいと旨みが出ないまま口に入ってし
まうからだ。「先に白身、小肌をお出しし
て、うちのシャリを理解してもらいます」。
そして、赤身のヅケ、中トロ、大トロと
3連発。やや温度のあるシャリが極上の
鮪の脂となじみ、香り、酸味、甘み、旨
みが渾然一体となって広がり、すーっと
消えていく。鮪ってこんなに優しかった
の？ と幸せに包まれ、虜になる

TEXT: MIKO FUJITA
PHOTO: JIRO OHTANI

鮨 さいとう

スシ サイトウ

★★★★★ 4.61

GENRE
寿司

NEAREST STATION
東京都・六本木一丁目

📞非公開
東京都港区六本木1-4-5
アークヒルズサウスタワー1F
◉¥35,000〜
🌑¥35,000〜

最後は塩むすび／握りの手数も少なく、
姿も美しく、所作に全くの無駄を感じま
せん。

　寿司は好みや相性があるものだが、『鮨
さいとう』に限っては訪れたほとんどの
人が絶賛し再訪を切望する。何に魅了さ
れるかといえば、まず洗練を極めた美し
い握りの姿形。シャリを包み込むような
フォルム、小肌や鯵のエッジの効いた切
れ込み、ゆでたての艶やかな海老、とろり
とした煮穴子など、口に入れる前から舌
にのせた時の幸せな感覚が想像できる。
口に入れれば、やや温かめのシャリの効
果で寿司種の香りがふわっと鼻に抜け、
噛めばシャリの甘み、酸味、旨みが丸み
を帯びながら口の中で伸びやかに膨らみ、
当初の予想をはるかに超えてしまう。

　すでにその佇まいは名人級。訪れたこ
とがない人は、さぞや空気が張り詰めて
いるのだろうと思うに違いないが、実際
は和気あいあい、笑い声が絶えない。こ
の雰囲気も『鮨 さいとう』ならではだ。
　客との会話に腹の底から笑いながらも、
寿司種の切り付け、握りに一分の乱れも
ない。なぜブレないのか聞くと「20年
以上、ほぼ休みなく昼、夜ずっと握り続
けてきたからね。握った数は同じ年代で
は恐らく誰にも負けない。自負できるの
はこれだけだけど」と笑いながらも、「こ
なし仕事ではなく、一握り、一握りに魂
を込めてきたからね」と一瞬真面目な口

調で続ける。なるほど、それでこそのゴッドハンド。

朗らかで柔和な人柄だが、仕事には厳しい。仕事場も仕込みも、カウンターでの立ち居振る舞いもすべてが綺麗なことが信条だ。シャリの温度が高めなのも丁寧な仕込みに自信がある証拠。仕込みが甘ければ、魚の臭みが上がってしまう。また、年間通して寿司種をほぼ変えず、見た目もシンプルに正統派を通すのは、「本当においしいもの、完成度の高いものしか出さない」という厳しいルールを自分の中に設けているからだという。

「お客様にどうやったら喜んでもらえるのか、口に入ったときのことを想像し、そこから逆算して仕込みをするんです」

仕入れる魚は、魚種は同じでも、日によって個性が違うので、こうなってくれたらいいなという味や食感をイメージしながら切り付けや切り込みで調整する。「だから、人それぞれの想像力の違いで味の終着点が違ってくるんだろうね」とも。経験値だけでなく、想像力はどう鍛えるのかという問いに、「齋藤さんに出会ってよかった！と言ってもらえるよう頑張るしかないんだよ！」と屈託のない笑顔。この人の寿司がおいしい理由、そして愛される理由を改めて理解した。

FIVE QUESTIONS TO ASK ARAI

Q 数年後の お店の目標は？

A 人を笑顔にするために頑張っていたいですね。今いる若い子たちが活躍できる場を与え、それを支えられるようにしたい。仕事を教えつつ、自分の仕事ができる環境を作ってあげたい。同じビルにもう1店舗つくったのもそのためです。

Q 理想とする料理人の あり方とは？

A 素晴らしい料理人さんがいるなかで、人生に影響を与えた人でいえば、中澤親方、『なか篠』さん、『新ばし しみづ』さん、『鮨 さいとう』さん、『霞町 すゑとみ』（現『末富』）の親方。同年代の『東麻布 天本』の天本さんも素晴らしい方です。

Q 座右の銘を 教えて下さい。

A 圧倒的一番である、ということでしょうか。それは誰かに勝つということではなく、自分自身に勝つということ。人を笑顔にするための一番であり、お客様のために一番の存在でありたいと思っています。日々勉強、それしかありません。

Q シェフの愛読書を 教えて下さい。

A 『鮨屋の人間力』（師匠である中澤親方の著書）ですね。この本はやっぱりすごいですね。自分が評価されていくなかで、自分を見失いそうになるときに読み返すと、ピシッと修業時代を思い出させてくれます。気が引き締まります。

Q 休日の過ごし方を 教えて下さい。

A 最近はゴルフにも行ったりしますが、地方に足を運ぶことが多いですね。富山や静岡、箱根などそんなに遠くない場所がほとんどですが、海岸線をドライブしたりして、日頃の疲れを、地方の空気を感じて癒やされに行きます。

FIVE QUESTIONS TO ASK SAITO

Q 数年後の
お店の目標は?

A ウチで頑張って働いてくれている若い子たちには責任をしっかりと持って店を持たせてあげたいと思っています。なので、いろいろなタイプの店を考え、彼らが活躍できる場所をつくっていけたらいいですね。

Q 10年後、ご自身は
どうなっている?

A いくつになってもずっと現場に立ち続ける「伝説の職人」にも憧れます。でもその一方で、やはり若手の活躍のために僕が主役ではなく、プロデューサーになってグループ店を展開していきたいという気持ちの方が強いですね。

Q 座右の銘を
教えて下さい。

A 「努力、忍耐、根性、継続」です。寿司職人としても必要なことですし、それ以前に人間として最低限必要なことで、すべてに通ずると思っています。これがないと人としても寿司職人としても成長できないのではないでしょうか。

Q 休日の過ごし方を
教えて下さい。

A 最近はゴルフにハマっています。寿司職人の仲間とも行きますし、他業種の経営者、お客様とも行ったりします。ゴルフは他愛もない話ができるコミュニケーションの場であり、最高の社交場ですね。それが仕事にも活かされています。

Q 普段遣いで行くお店が
あれば教えて下さい。

A 今はそんなに頻繁には行かないけど、前は仕事が終わったら仕事仲間とみんなで六本木『香妃園』、というのが日課みたいになっていました。とろとろの「鶏煮込みそば」とか懐かしい味の「ポークカレー」。時々無性に食べたくなる味です。

Best New Entry | 01

| Bronze |

赤坂 おぎ乃

アカサカ オギノ

★ ★ ★ ★ ☆　4.05

GENRE
日本料理

NEAREST STATION
東京都・赤坂

📞03-6277-8274
東京都港区赤坂 6 - 3 - 13
🕐 ¥ 30,000〜¥ 39,999

　赤坂通りへ続く一角で凛と佇む『赤坂 おぎ乃』。店主の荻野聡士氏は、和食店の最高峰で王道の技法を修めた料理人だ。その日つくれる最上の味でもてなすため客が来店した後に出汁をとり、米を炊く。「いましかできない料理をつくろうと心がけています。時季に合った食材を使い、いまの私が持てる技術とアイデアを駆使する。お客様には、季節と今日一日の特別さを感じて笑顔になってほしいと願っています」。出汁一滴まで心を砕いた荻野氏の料理は、まさに風味絶佳。秋冬の「香箱ガニの土鍋ご飯」は蟹の身と、外子、内子が新米とともに炊き立てが供される。土鍋の蓋を開けると芳しい香りが鼻へぬけ、ご飯を口にすると蟹の旨みと米の甘味が舌を優しく包み込む。若き感性を落とし込んだ『赤坂 おぎ乃』の料理は、和食の新しい王道を拓く味わいだ。

TEXT: RINJIN MIYATA　PHOTO: JIRO OHTANI

| Bronze |

NK

エヌケー

★ ★ ★ ★ ☆　4.07

GENRE
日本料理

NEAREST STATION
東京都・牛込神楽坂

📞050-3138-5225
東京都新宿区神楽坂 5-37 相良ビル 1F
🕐¥ 30,000〜¥ 39,999

　ともすれば、奇をてらうだけで終わりがちな創作料理を、和食を基軸にしつつ意外性とバランスのとれたおいしさでグルマンの舌をしっかりと捉えているのが、カク・ランドこと角谷健人氏。ミシュラン三つ星の和食店『石かわ』の石川秀樹氏をして天才と言わしめた若き精鋭だ。素材の持ち味を最大限に活かすことを第一に考え、そのためには料理のジャンルを超えることも厭わないというのが角谷氏のポリシーだ。が、それも確かな基礎力があればこそ。ご覧の「冷たい生カラスミ素麺」も、生カラスミを昆布締めにし卵黄や煮切り酒などと混ぜる手法は和の仕様ながら、素麺の下にオリーブオイルを敷くなどさりげなく洋の要素を加味。全体を絡めていただけば、どこかカラスミのカッペリーニを思わす味わいとなる。『NK』ならではの無二の味をぜひ。

Best New Entry | 03

| Silver |

末冨

スエトミ

★ ★ ★ ★ ☆　4.14

GENRE
日本料理

NEAREST STATION
東京都・渋谷

📞非公開
東京都渋谷区
🕐￥50,000〜￥59,999

　個性的な名店が点在する渋二こと渋谷二丁目界隈に、ひっそりと店を構える和食店『末冨』。ご主人の末冨康雄氏は、2018年、惜しまれつつ店を閉めた西麻布『霞町すゑとみ』の元店主と聞けば、本物を知る食通らが足繁く通うも納得できよう。3年間の充電期間を経て再始動したこの店では「いらないことはせずに、シンプルに仕立てる」を信条に、安定感のある料理とさらなる深みを増したおいしさで常連客の舌を喜ばせている。シグネチャーメニューの「焼きすっぽん」ももちろん健在。一見何の変哲もないようでいてタレに一工夫。タレに用いるすっぽんスープをより濃くとることでコクを増したタレが、付け焼きにした際の旨みを増幅させるなど本質的な味わいを追求。少しずつブラッシュアップする美味に末冨氏の料理人としての本分がある。

TEXT: KEIKO MORIWAKI　PHOTO: NORIKO YONEYAMA

| Silver |

SÉZANNE

セザン

★ ★ ★ ★ ☆ 3.96

GENRE
フレンチ

NEAREST STATION
東京都・京橋

☎03-5222-5810
東京都千代田区丸の内1-11-1
パシフィックセンチュリープレイス
💰¥20,000～¥29,999
🌙¥40,000～¥49,999

2021年7月、『フォーシーズンズホテル丸の内 東京』のシグネチャーフレンチレストランとして開業した『セザン』。総料理長のダニエル・カルバート氏は、NYの3つ星店『パ・セ』にて最年少でスーシェフに就任、パリの3つ星店『エピキュール』でも研鑽を積んだ。「アジアのベストレストラン50」で2020年の4位に選ばれてミシュラン1つ星にも輝いた香港の名店『ベロン』のシェフを経たのち、東京へ。日本の食材、旬の魚介や柑橘などを主役に据えたコース料理を展開する。自らが培ったクラシックなフレンチの技法を踏襲しながら、大胆かつ繊細に軽やかな味わいの皿を生み出すカルバート氏。種類豊富なシャンパーニュ、またペストリーシェフが作る季節の果実を使ったデザートなど、チーム一丸で『セザン』でしか楽しめない時間を提供している。

011

香箱蟹

Steamed Seasonal Kobako Crab

能登の冬を飾る食材といえば蟹だが、11〜12月頃にしか出合えないこの香箱蟹は、至宝級の味わい。「香りを専門に研究する大学教授の方にヒントを頂き、蟹の臭みの原因となるミネラルがゼロに近い、超軟水で茹でています」と、大将の山口尚亨氏。1.5％程度の塩を加えた純水で、温度変化を加えながら茹でた蟹は、茹で汁に漬けて半日置く。提供前に軽く温め、内子はトロリと味噌は濃厚で、外子と身は中までしっとりと味わい深い仕上がりに、山口氏の手練を感じさせる

TEXT: YUMI SATO
PHOTO: TAKAHIRO TSUJI

すし処 めくみ

スシドコロ メクミ

★★★★⯪ 4.50

GENRE
寿司

AREA
石川県・野々市市

📞076-246-7781
石川県野々市市下林4-48
◉¥40,000〜¥49,999
🕐¥40,000〜¥49,999

藤崎まり子／久々に江戸前じゃなくて能登前を堪能です、やっぱり美味しい。美味しすぎるんですよ。

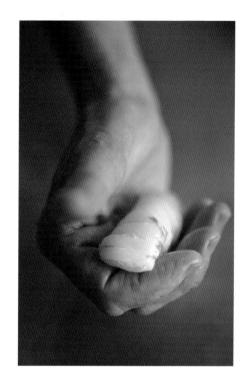

「鮨は米と魚のみ。他の料理と比べシンプルなだけに、面は狭いが深さがかなりあると思う」そう語る山口尚亨氏の寿司は、いつだって食べ手の概念を軽々と覆し、未知なる味わいで驚きと感動を与えてくれる。それは、気が遠くなるほどの時間と精魂を込めた、探求の賜物だ。

山口氏が扱う魚の多くは、市場ではなく浜で漁師から直接買い付けている。毎日夜明け前から車を走らせ、往復4時間近くかけ奥能登や福井、富山などの漁港へ向かう。その理由は、その日一番の魚を買うためだけではない。前に仕入れた魚の状態を漁師にフィードバックし、よ

り良い手当ての方法を綿密にすり合わせるためだ。「漁師も料理人の一部。彼らが僕らにはできない味、獲れたその日にしか出せない香りを生み出してくれます」

水揚げ直後に漁師が行う神経締めや血抜きも、心臓だけ生かすか、静脈と動脈のどちらから血を抜くのかなどあらゆる検証と脂肪酸などの成分分析から、魚種により最善の手法を模索する。メジマグロに至っては、水揚げ直後に車の暖房で温めながら持ち帰ることで、死後硬直を遅らせ水分量や身質を維持し、その日のうちに提供する。前例も論文もない手法だが、これが山口氏と漁師が編み出した、

鮪本来の香りと美味しさを活かす技だ。

　感覚だけに頼らないその分析思考は、当然、シャリにも活かされる。米の熟成のために部屋を借り、天日干しで養分の詰まった米を、巨大冷蔵庫で1年以上かけて古米に仕上げる。それを、精米、洗米、吸水とすべて時間や温度、回数などまで、その日の気候に合わせ厳密に計算。修業先に習い、江戸前伝統の羽釜で湯炊きにするが、寿司酢は能登の魚に合わせ、赤酢に純米酢のコクを加える。寿司種ごとにシャリの温度・空気の入れ方を変えた至高の一貫は、魚と米の一体感、相乗する味わいに目を見張る。

　「山の状況を見れば、海の状況が想像できるように、自然はすべて繋がっています。点だけで考えるとバランスは悪くなるが、点を集めて繋がっていくと線になり、その先には円になる。寿司も同じで、同じ寿司種で違いを見せるには、目新しい派手なことをすればいいものではない。細かいことの積み重ねでしか、大きな違いは作れないと思います」。寿司という至極シンプルな料理において、技の違いを見極めることは簡単ではない。金沢郊外という立地を厭わず、お客たちがここへ求めてくるものは、圧倒的な違いが分かる寿司なのだ。

012
———

鮪

Tuna

「この鮪のために、一度の営業でシャリを3回炊いています」と難波英史氏が語るように、温度を操る技の真価が現れる逸品。シャリ酢はすべて同じだが、鮪用のみ酢と合わせて5分ほどの、酸が立った状態のシャリで握る。この日の鮪は青森県大畑産の大トロで脂のりが良く、シャリの温度を普段より1度低い39℃にすることで、クドさを残さない。旬の冬場には、部位違いでトロを2貫供することもあり、その際は柔らかな酸が心地いい小肌を挟むという心遣いも憎い

TEXT: YUMI SATO
PHOTO: TAKAHIRO TSUJI

鮨 なんば 日比谷

スシ ナンバ ヒビヤ

★★★★⯪ 4.55

GENRE
寿司

NEAREST STATION
東京都・日比谷

📞03-6273-3334
東京都千代田区有楽町1-1-2
東京ミッドタウン日比谷 3F
◉ ¥30,000～¥39,999
🕐 ¥30,000～¥39,999

ウニ王子／1℃の違いですが口に入れる
とこんなに違うものだと思い知らされる
繊細な鮨です。

『鮨 なんば 日比谷』の代名詞といえば、1℃単位でコントラストを生み出す、種とシャリの温度管理にあると言われてきたが、その定石も変わりつつある。「温度にこだわってきたことで、それ以外の大事なことにも多くの気づきが生まれてきた」と語る難波英史氏の寿司は、飽くなき進化を遂げている。

難波氏が一貫して追求してきたのは「ピュアな寿司」。より澄んだきれいな味わいを求め、血合いなど雑味や臭みの元となる部位は大胆に磨き、魚を寝かせてもクセがでない工夫を凝らす。また、鮪などを熟成させる場合も、漁獲時の体温上昇などで身が焼けていない、より手当の良い鮪だけを厳選。そのきれいな脂や香りを感じることができる、約1週間のうちに提供している。

シャリは米自体の甘みも感じて欲しいと、長野県『永井農場』のコシヒカリを使用。ふっくらと炊き上げた大粒の米に、熟成期間の短い赤酢2種類でやさしい酸と香りをまとわせる。握りも穴子や春子、鰆などの軟らかい種は、ふんわりとエアリーに。肝を包み込む鲅のような旨みの強い種は、シャリを大きく男前の寿司で。繊細な味わいの平目や小肌は、小ぶりのシャリで供する。

そして、2018年の日比谷出店を機にはじめた、シャリと寿司種の温度を品書きに明記するという、寿司の世界では革新的なスタイル。近年では、その温度設定に微細な変化が生まれている。かつて穴子は、シャリ42℃／種45℃という熱々を供していたが、現在はシャリ39℃／種36℃という人肌の温度帯まで下げ、身の甘みと旨みをよりはっきりと感じさせる。煮汁を煮詰めた乳白色のタレでその旨みをのせる蛤は、シャリ38℃／種23℃と共に以前より3℃程上げることで、旨みや香りまでも一層豊かに表現している。「始めた頃は、お客様に驚きを与え

るためにも、コースの中で温度にメリハリをつけていました。しかし、5年が経ちお客様にも温度への理解も広がったので、いまはより一体感を感じられるバランスを求めて、ほんの少しずつ変化させています」

海外からもフーディーたちが訪れる、予約の途絶えない盛況ぶりながら、難波氏はさらなる高みを目指し、その進化の歩みを止めることはない。それは、ただただ「寿司が好きなんですよ。常に寿司のことを考えてしまいますし、いつまでも寿司を握り続けたい」と語る、職人の外連味なき想いが故だ。

FIVE QUESTIONS TO ASK YAMAGUCHI

Q 一番大切にしている
道具は何ですか？

A 開業時からシャリ炊きに使っている、釜浅特注の南部鉄製羽釜です。普通のご飯なら土鍋の方が合うかもしれませんが、米と魚になると鉄の方が相性が良いと思います。鉄で炊いたキリッとした味わいが、酢飯のパラパラ感にとても合います。

Q 一番好きな食材は
なんですか？

A 一番難しいですね。季節ごとにおいしいものはありますが、若い頃は穴子で、年を重ねるごとに〆物が好きになってきました。最近は鰆や鰤などの魚が出す香りや余韻は、結局自分がつくれないもの。そういう季節の授かりものに惹かれます。

Q 思い出の一皿を
教えて下さい。

A 母親が煮た里芋。基本的に素朴なものが好きで、母は家で削った鰹節と昆布の出汁など調味料も良い物だけを使っていたので、とても美味しかったです。母も亡くなり、いまでは食べられない味なので、とても懐かしく思います。

Q 地方の飲食店の
あり方とは？

A 僕も答えは出ていませんが、地域で協力することは大事だと思います。都会から見て魅力あるものを知り、料理人や漁師、作家、酒蔵など切磋琢磨することで、お互いを高め合いながら、地域の良さを目一杯表現したいと考えています。

Q 料理人に修業は
必要か否か？

A 技術の修業以上に、人間の修業は相当に必要だと思います。日々の辛さに負けてしまうと、おいしいものはつくれません。探求するということはつくり手の人間性が原点なので、自分の中身を磨き続けることは、一生続くものだと思います。

FIVE QUESTIONS TO ASK NANBA

Q 休日の過ごし方を
教えて下さい。

A 中学生の頃からずっと渓流釣りが好
きで、大槻や韮崎などの山に出かけ
ます。大きく育ってもらいたいので、
釣った魚は必ずリリースしています。あと、
お客様と一緒に焼き肉を食べに行ったり、洋
服の買い物にもよく出掛けます。

Q 地元に帰ったら
必ず行く店は？

A 地元の荻窪に帰ったときには、『酉
の』や『阿佐ヶ谷バードランド』で
焼き鳥を食べたり、『SATOブリア
ン』にもよく顔を出します。寿司も好きです
が肉料理も大好きで、プライベートでは肉食
の方が多いですね。

Q 料理人に
なっていなかったら？

A カメラマンや洋服のデザイナーなど、
物を作る専門職が好きです。経営者
やお金儲けを考えるビジネスマンよ
り、クリエイターとしてものづくりにとことん
向き合い、後から評価やお金が付いてきた
ら理想的だと思います。

Q 寿司職人になった
きっかけは？

A 本格的な寿司を食べてみたいと、地
元の寿司店や配送のバイトでお金を
貯めて、当時、中野坂上にあった有
名寿司店に行きました。寿司はもちろん、職
人としての格好良さに衝撃を受けたことが、
この世界を目指したきっかけです。

Q 料理人として
心掛けていることは？

A 仕事をとにかく真面目にやることで
す。プライベートはどうであれ、仕
事ではお客様と向き合い、笑顔にな
っていただくために働き、困難があってもそ
れを貫き通す。5年後、10年後も進化し続
けられるよう、努力を続けていきたいです。

013

てっさ

Pufferfish Sashimi

冬の主役として登場するのが「てっさ」
である。地元の舞阪港で水揚げされた
4 kg超えのフグは、惚れ惚れするほど巧
みに捌かれ器に並ぶ。厚く食べ応えがあ
る身はほどよい弾力を楽しめ、噛むほど
に満足感が溢れ出す。横に添えた皮の煮
こごりは、長谷部敦成氏の根底にあるこ
だわりに基づき、昆布や鰹の出汁は一切
使わず、フグの味わいのみを封じ込めて
つくられた。ひと口含むと穏やかにとろ
けていくと同時に、フグの旨みが口いっ
ぱいに広がり、刺身とW主演の風格さえ
も感じられた

TEXT: TAKAKO INAMOTO
PHOTO: TAKAHIRO TSUJI

勢麟

セイリン

★★★★☆ 4.42

GENRE
日本料理

NEAREST STATION
静岡県・浜松

📞053-450-1024
静岡県浜松市中区元城町222-25
アルスビル 1F
🕐¥20,000～¥29,999

花も団子も／こんだけ食べても三万いか
ないんすよ。やばいなぁ。素材の破壊力
と満足感は、本当に唯一無二です。

　最年少でGoldを取得した『勢麟』の長谷部敦成氏。料理好きの父親の影響で、幼い頃から食べることに貪欲だった彼は、十代で埼玉から静岡に移住して料理人を始めると、圧倒的に豊かでおいしい静岡の食材に魅了された。そして浜松で10年の修業を経て、自身の店を構えた。

　この地の食材を愛するがゆえ、長谷部氏は県外の材料はほぼ使わず、地産地消をかかげている。また、それらの食材は個々のポテンシャルを全面に押し出すため、出汁に昆布や鰹節を使わない。

　「本来昆布とか鰹節は保存食などの一環なので、昔は材料のない山間部なんかで使っていたんです。だからこれだけ食材が豊かなこの場所で、わざわざ昆布や鰹出汁に頼る必要がないんですよ」。例えば椀物の「甘鯛と蕪のすり流し」にしても、材料は甘鯛、蕪、塩、薄口2～3滴、あとは水だけ。蕪の香りや辛味を楽しんでもらいたいと、あえて吸い口も入れない。余計な風味を加えないからこそ、クリアな旨みとともに素材の個性がダイレクトに伝わってくるのだ。

　これらの食材は、県内の随所で長谷部氏自らが目利きをして集めてくる。魚は舞阪、福田、御前崎など数か所の港に足を運び、イチゴひとつにしても片道1時

間かけて契約農家へ赴き、朝摘みのものを取りに行く。"一から十までを自分でやり抜きたい"という信念から、自ら猟にも出る。ときには鴨や猪など、自分で仕留めたものを料理で提供することも。

静岡の食材愛にあふれる長谷部氏は、"この地の食材を全国に広める"というテーマのもと、会社も立ち上げた。地元の農家2人、漁師1人、バーテンダー1人という有志らとともに、ここの局番「053」を名称にした「053企業組合」を設立。野菜、魚など、おおよその食材を自分たちで賄える環境が整った。会社では地元の食材の魅力を配信する活動も行い、無農薬野菜をはじめ、上質で安心安全な食材を全国発送する窓口も担っている。

会社の発展もさることながら当面の長谷部氏の目標は、広い土地を買って畑を耕し、そこに店と住居を構えること。「浜松にはもっともっといい食材があるということを、そこを拠点に伝えていければと思っているんです。その場所に発信力のあるフーディーの方々に来てもらえれば、もっと広まるかなと。まずは僕らが一番初めの歯車を回せればと思っています。"一から十までやり抜く"の始まりです」と微笑む瞳は、近い未来への大きな期待に溢れていた。

原木椎茸

Charcoal Grilled
Raw Wood
Shiitake Mushrooms

岐阜出身の古田諭史シェフが、通年提供
できる山の食材で、コースの柱となる定
番料理として生み出した逸品。香りの料
理と称するように、目の前に供された瞬
間から、炭火と森のきのこの芳しさに包
まれる。この日はキタアカリを使用した
ジャガイモのピュレと卵黄を絡めて頂く
と、椎茸から溢れ出る山の香りと旨味を
ソースが際立たせる好バランスに、思わ
ずため息が漏れる。また、この皿の後に
登場する肉料理への助走として、旨みの
グラデーションも担う存在となる

TEXT: YUMI SATO
PHOTO: TAKAHIRO TSUJI

CHIUnE

チウネ

★★★★☆ 4.49

GENRE
イノベーティブ・フュージョン

NEAREST STATION
東京都・広尾

📞非公開
東京都港区西麻布4-9-11
🕐¥50,000〜¥59,999

ぺぴどん／シンプルながら素材感をしっ
かり感じさせ、食感や味わいのバランス
感・ソースとの一体感でチウネとしての
アイデンティティに溢れるお料理。

「僕の料理はシンプルなので、多くの言葉を重ねて伝えるものではない。だからこそ、料理にも名前が付けられないし、食材や調理について蘊蓄やロジックを並べることも、野暮に感じてしまいます」。シェフ・古田諭史氏のその言葉通り、『CHIUnE』の料理には少しも衒いがない。一品一品の核となる食材の最も美味しい状態をイメージし、火を入れ、ほんの少しのソースや食材を組み合わせることで、その美味しさにより濃い輪郭と印象を与える。極めてシンプルながら、古田氏にしか出せない洒脱な味わいの源流は、一体どこにあるのだろうか。

2021年の移転を機に、より解放感のあるオープンキッチンへと生まれ変わった厨房で、主な熱源として使用されるのは炭火。その狙いは炭の香りだけではなく、遠赤外線の火力にある。「強い熱のあたり方をするIHに比べ、食材に対して優しく熱が入る。ムニエルも熱したバターがムース状態に保ちやすい」と、フライパンの調理にも炭火を使う、原始的な調理スタイルが目を引く。

また、この炭火の魅力が特に生かされているのが、「原木椎茸」だ。遠火の弱火を繰り返し、椎茸からにじみ出るエキスを蓄えながら、まるで風呂の追い炊き

のようにゆっくりと火を入れる。原木ならではの豊かな木の香りと炭火の薫香が寄り添い、森へ踏み入るような心地へと誘ってくれる。この料理のソースとなるのは、卵黄とジャガイモのピュレ。通年の定番料理として供される一品だが、季節ごとに使用するジャガイモの品種は異なるという。

「うちのコースにはいくつか定番料理はありますが、同じ食材でまったく同じ味を作りたいわけではありません。ジャガイモが違えば個性も変わるので、そこに合わせて一皿の中で比重を変えるのが僕のスタイルです。自分の料理に合うもの

だけを選べば、どんな食材でも美味しくなります」。店で扱う食材のほとんどが、古田氏自ら生産者の元へ足を運び厳選している、国内屈指の一級品揃い。しかし、その食材や銘柄ありきの料理ではなく、信頼する生産者から届いた、目の前にある食材そのものに寄り添うことから、古田氏の料理は生まれている。

独立から14年を迎える今年の夏、3度目となる店の移転を計画している古田氏。30代にして料理や食材、店づくりにおいても、独自の哲学と美学を構築してきた彼が描く未来図に、世界中のフーディーたちが、今日も熱い視線を送っている。

FIVE QUESTIONS TO ASK HASEBE

Q 思い出の一皿を
教えて下さい。

A 父が作った鉄火丼です。まだ3歳か4歳頃に、生まれて初めて食べた魚だったんです。冷凍まぐろを醤油に漬けたもので、わさびをおろして食べさせてもらったんですが、もう辛くて辛くて(笑)。でもそれが美味しかったですね。

Q 一番大切にしている
道具は何ですか?

A 包丁ですね。素材によってあえて切れない包丁も使います。例えば秋の鯛を切れない包丁で繊維を潰しながらへぎ切りにしたり。わざと切れないように仕立てるんです。竹の皮を研いで包丁の形に仕立て、秋茄子に使うこともあります。

Q 一番好きな食材は
なんですか?

A やっぱりお米。僕ご飯大好きなんです。とくに好きなブランドとかはないですが、絶対条件が無農薬で自然乾燥の米。この辺だと「はざがけ」とか「はずかけ」っていいますが、乾燥機を使わず田んぼで天日干しした稲の米が好きです。

Q 日本料理以外で好きな
料理を教えて下さい。

A イタリアンやフレンチは大好きですね。例えば、素材をそのまま炒めるシンプルなパスタとか、鰹節の代わりにチーズを削って使ったりする料理とかも面白いなと思います。いま一番フランスに行きたいですね。ワインが大好きなので。

Q 地方の飲食店の
あり方とは?

A 各地方には絶対強みがある。山間部なら山間部、海なら海の強みがあるので、自分たちでやっているものを見直すことだと思います。まずは理解することが一番大事で、具体的に発信していくことが地方の料理屋のあり方だと思います。

FIVE QUESTIONS TO ASK FURUTA

Q 思い出の一皿を
教えて下さい。

A 『Cà sento』の福本伸也シェフが
つくる、蕪のマリネとトリュフの料
理。10年程前に初めて頂いたとき、
この人は天才だと痛感しました。組み合わせ
も斬新で、とても美味しくてビジュアルも美
しい、人生のベストディッシュの一つです。

Q 一番好きな食材は
なんですか？

A 白菜です。中国料理の定番食材とし
てもそうですが、休みの日に父がつ
くる鍋料理にも欠かせない食材でし
た。炭で焼いても、漬物にしても美味しく、
優秀な食材だと思います。冬季にはコンソメ
で炊いた白菜を、店で出すこともあります。

Q 料理人に修業は
必要か否か？

A 僕自身、修業期間は短いですが、自
分で独立する覚悟を決めるためにも、
料理人としての平均値を上げるため
にも、修業は必要だと思います。また、自分
を引き上げてくれるような人と出会う、きっ
かけも生まれます。

Q 今後やってみたい
コラボレーションは？

A 自分を育ててくれた、刺激を受けて
きた料理人の先輩方や父とも、一緒
に仕事をしてみたいです。イベント
やコラボとは言わず、下働きでもよいのでご
一緒させていただきたいですし、それだけで
も得るものがあると考えています。

Q 10年後、ご自身は
どうなっている？

A 日本、少なからず東京にはいないと
思います。日本の地方などでオーベ
ルジュを開くか、海外へ移住して小
さなレストランを営むか、どちらかだと思い
ます。海外ならスペインの海沿い辺りの街な
どは、とても興味があります。

015

金目鯛の鱗焼き

Splendid Alfonsino with Crispy Grilled Scales

芳しい香りを放って焼かれる肉厚の金目鯛は、絶妙なタイミングで目の前のカウンターへ提供される。魚の鮮度と『温石』の焼きの技が踏襲された、常連垂涎の看板料理だ。鱗は身より火が入りにくいため、焼く前に皮目の面だけ低めの油で軽く熱を加える。すると鱗に火が通りやすくなり、同時に油を含んだ鱗が身をガードすることで、中のパサつきも防ぐ。こうした緻密な計算と技により、鱗はパリパリに、中心はミディアムレアという極上のバランスで焼き上がるのだ

TEXT: TAKAKO INAMOTO
PHOTO: TAKAHIRO TSUJI

茶懐石 温石

チャカイセキ　オンジャク

★★★★⯪ 4.47

GENRE
日本料理

NEAREST STATION
静岡県・焼津

📞054-626-2587
静岡県焼津市本町6-14-12
◎¥10,000〜¥14,999
🕐¥15,000〜¥19,999

モラヴィア／素晴らしい食材を、まるで
浄化したようなお料理に仕上げて下さい
ます。唯一無二の杉山流です。

『温石』の2代目・杉山乃互氏が店を改装して登場させたのは、焼き場を含む厨房が目の前に広がるカウンター席だ。

「以前は料亭という形で個室の店でした。でも調理場から客席に料理を持って行くまでに、自分が感じる美味しさと、お客さんのリアクションに差があることに気づいたんです。美味しい瞬間て一瞬なんです。それで、調理場と客席の距離を縮めるためにカウンターをつくったんです」

杉山氏のこだわりは器にも表れる。カウンターと個室では料理が違うので、当然器の大きさや形は全く異なるが、座卓と椅子では目線の角度も変わるため、そ

こも計算して選ぶのだ。それが垣間見えたのは「はまぐりのおじや」の盛り付けのとき。少しずつ買い足していったという江戸初期の「古染付」。その微妙に絵柄の違う皿を何枚も並べ始めると、しばらく俯瞰で眺めていたが、突然ハッと閃いたようにその中のひとつを選んだ。

「和食は引き算の料理なので、料理自体の見た目もシンプルになってくる。でもそれを器が補ってくれるんですよね。なので、料理と器がセットになってはじめて完成すると思っています」

それらの皿が引き立てる主役は、焼津港などで水揚げされた新鮮な魚料理。

「必ずしも静岡のものが全て一番だとは思いませんが、いいものがたまたま静岡にはいっぱいあって、たくさんある中から選べるっていうのは、ここでないとできないことだと思っています」

杉山氏の料理に大きく影響を与えているのが、地元焼津『サスエ前田魚店』の前田尚毅氏だ。彼は静岡の魚の流通革命を起こし、鮮度や味を格段に向上させた。

「前田さんは漁師さんたちに〝魚を活かしてきてほしい〟と、何年もお願いし続けてくれて。それでようやく８年越しで鯵や鯖、エボ鯛だとかの活きのものが手に入るようになったんです」と、前田氏に敬意を表した。

「例えばエボ鯛みたいに皮目にくせがあるような魚は、干物や味噌漬けでしか食べられなかったんですよ。でも活きのエボ鯛が手に入るようになったら、野菜と一緒に蒸したりとか、今までにない全く違う料理ができたんです」

杉山氏は前田氏から単に魚を仕入れるだけでなく、魚の状態に合わせた締め方や調理方法なども、二人三脚で構築してきたという。その努力の甲斐あって、『温石』の料理は飛躍的に成長を遂げたのだ。食材提供者とともに発展を続ける杉山氏の料理に、ますます期待が高まる。

016

赤烏賊

Squid

魚介のほとんどを仕入れるのは創業約100年の老舗『川原』。先代の頃からの付き合いで天野 功氏自身も店主の永田源一郎氏と出会って半世紀以上が経つ。「産地ではなく身質の良さで選びます」と天野氏。波をイメージした飾り切りは先代から受け継いだもの。躍動感あふれる烏賊の上には雲丹、飛子、木の芽が添えられ、最後に鮮やかな京都の錦胡麻を振りカボスを搾って供される。口に運んだ瞬間、カボスの爽やかな香りが広がる

TEXT: AYUKO TERAWAKI
PHOTO: HIROMASA OHTSUKA

天寿し 京町店

テンズシ キョウマチテン

★★★★★ 4.61

GENRE
寿司

NEAREST STATION
福岡県・小倉

📞093-521-5540
福岡県北九州市小倉北区京町3-11-9
◉¥40,000〜¥49,999
🕐¥40,000〜¥49,999

K-dice／やはり鮪の美味しさは筆舌に尽くしがたく東京では頂けない握りでもあるので堪りません！

　店主・天野功氏の1日は、神棚の水を換え、看板を磨くことから始まる。「店は子どものような存在です。看板を磨くときは赤ん坊をお風呂に入れるのと同じ感覚ですね。今、店には弟子や三代目がいますが、私と同じようにこの店を子どものように思ってもらえれば、教えることはなにもありません」という。天野氏自身も、先代や兄弟子から技術的なことを教わったことはなかった。厨房機器も創業時代から変わらず、基本的にやることも変わっていない。魚介のほとんども、先代の頃から80年以上の付き合いのある旦過市場の仲卸『川原』から仕入れて

いる。ただ、気候や食材の変化に応じて、自分たちのやり方を少しずつ変えている。「親父の時代から九州の魚介は素晴らしいものでした。その魚介をいかにおいしく食べていただくかを考えた結果、カボスと塩で食べていただく"天寿し前"に辿り着いたのです」

　当時は邪道と言われたこともあったというが、唯一無二の寿司は徐々に評判となり、『天寿し』の名は全国、そして海外へと知られるようになった。

　45歳で自身の店を構えた天野氏。オープンしてすぐの頃はまったく客が来ず、どん底を味わったが、1貫の中に起承転

結を感じられるよう"深化"をさせなが
らリピーターを増やしていった。そんな
天野氏だが2017年秋、病に倒れ約5ヶ
月間の休業を余儀なくされた。

「それまでは寿司を握ることが私の喜び
でしたが、再び店に立ったときは、仕事
ができることが喜びになりました。元気
で握ることのできるのは、あとどのくら
いだろうかと考えると、1貫1貫の重み
を感じるようにもなりましたね。1日を
悔いなく過ごし、日々の課題をひとつず
つクリアしていくことに喜びを感じるい
まは、これまでの人生の中で一番幸せな
のかもしれません」

現在、『天寿し』のコースは16貫4万
5000円（税別）だ。この金額に上げた
のは理由がある。生産者から真っ当な価
格で仕入れることで食材のクオリティが
上がるとともに、生産者の子どもたちが
家業を魅力的に感じ、未来に希望を持つ
ことができる。そして料理人はこの金額
をいただくために試行錯誤を重ね、その
プレッシャーでスキルが高まっていくと
いう考えからだった。

寿司と向き合い40余年。1貫1貫の重
みを感じ、寿司を握る幸せを噛みしめな
がら、深化を追求する天野氏。食べ手に
もその重みがずしりと伝わってくる。

FIVE QUESTIONS TO ASK SUGIYAMA

Q 一番好きな食材は
なんですか？

A やっぱり魚ですね。とくに焼き魚が好きです。なかでも真魚鰹かな。子どもの頃、うちの店で使った真魚鰹の尻尾の方とかカマが出ると、それを味噌漬けにして焼いてもらって、それがおいしくて。今でもその印象が強くて好きです。

Q よく食べる
おやつは？

A 最近は「しろくまアイス」のバータイプの方をよく食べます。ストレスが溜まると、仕事が終わってから食べるんです。調子に乗って2本食べちゃうときもあるんです(笑)。無になれるんですよ、何事もなかったように。

Q 思い出の一皿を
教えて下さい。

A 東京で修業中に親方がつくった鯛の潮汁を、ものすごく鮮烈に覚えています。透き通っているけど、旨味がズーンと響くような印象がありましたね。クリアな旨みとか魚のエキスとかをすごく感じて、脳みそに電撃が走るように衝撃的でした。

Q 休日の過ごし方を
教えて下さい。

A 海を見に行くことがありますね。野草なんかが浜辺に生えているので、今どのくらい成長してるかなと子どもと一緒に探したり。海を見ながら浜辺を歩いて、潮の香りをかいだり砂地の感触を感じたりすると、心が安らかになっていきます。

Q 今後やってみたい
コラボレーションは？

A 以前『メゾンカカオ』さん、『日本料理fuji』さんと"もし鎌倉時代にカカオが伝来していたら和食は変化したか"というテーマで、「カカオパウダー生地のそら豆のきんつば」をつくりました。年1回くらい、楽しい企画をやりたいですね。

FIVE QUESTIONS TO ASK AMANO

Q 座右の銘を
教えて下さい。

A 深化なくして進化なし。握りでも一
貫一貫を深めて行った先に進化があ
ると考えます。深化なくして進化ば
かり考えると、芯がぶれてしまい、別のもの
になってしまう。天寿しのスタイルも江戸前
の寿司を深めた先にたどり着きました。

Q 料理人になって
いなかったら？

A 物心ついた頃から料理人にしか目が
向いておらず、他の職業は考えたこ
ともありません。寿司職人である父
の背中を見て育った環境が、よほど居心地が
よかったのでしょう。小学校の作文にも「日
本一の寿司職人になる」と書いていました。

Q 休日の過ごし方を
教えて下さい。

A 万全の状態で仕事ができるように、
身体のケアに努めています。プール
での水中ウォーキングで足腰を鍛え、
整体と鍼で入念にメンテナンスします。残り
の人生もより良い寿司職人を目指して日々慌
ただしく、楽しく過ごしています。

Q 地方の寿司屋の
あり方とは？

A 江戸前が太陽だとしたら、地方の寿
司は月や星のような存在。江戸前が
常に輝いているからこそ、地方も輝
くことができます。また、地方は生産者との
距離が近く、生産者と一緒になって地域を活
性化していけることが魅力と思いますね。

Q 普段遣いで行くお店が
あれば教えて下さい。

A 福岡・小倉の『やす多』さんに毎月
伺い、「月替りのおまかせコース」
をいただいています。ご主人は懐石
料理出身ですが、和洋の垣根を超えた創作懐
石を楽しませてくれます。同い年ということ
もあり、料理の話に花が咲きます。

017

_____

うずみ豆腐

Sesame Tofu
Nestled Beneath
Glistening Sticky Rice

コースは茶懐石に則り、一汁一飯、向付
の形から始まる。ご飯の中に豆腐が埋も
れているような状態の「うずみ豆腐」を
自家製の胡麻豆腐ともち米で表現。十分
に温めたうずみ豆腐に白味噌汁をかけ、
一汁一飯を合わせた一品に仕立てている。
食すと白味噌汁と胡麻豆腐の上品な甘み
と優しい味わいが口中で一体となり、添
えられたふきのとうの天ぷらの香りや食
感がアクセントに。お膳奥の鰯の一夜干
しはユズリハに盛って供される。黒漆椀
は江戸時代の塗り師・佐野長寛造

TEXT: SHOKO NISHIMURA
PHOTO: TOSHIHIKO TAKENAKA

道人

ドウジン

★★★★⯪ 4.63

GENRE
日本料理

NEAREST STATION
京都府・三条京阪

📞075-203-0074
京都府京都市左京区仁王門通新柳馬場東
入ル菊鉾町291-1
🕐¥30,000〜¥39,999

7070JAZZ／もはや料理の感想は言うまでもなく、わたくしにとっては、このうえない至福のお料理であり続ける京都のお店。

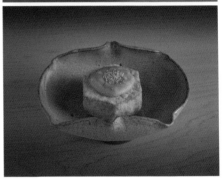

　香を焚き染めた店内は、檜のカウンターを設えた京普請の数寄屋空間。隙なく張り詰めた閑寂の空気にしばし圧倒されるも、主人・中島道人氏のにこやかな対応に、緊張がふっと緩む。オープン当初、京都の有名料亭で8年半研鑽を積んだ経歴が、話題となったが、中島氏に今はその気負いはない。肩の力も抜け、主客ともにリラックス。"道人流"が店の隅々まで満ちている。

　「まだまだ研鑽中ですが、茶懐石やお茶事をもてなしの軸にしています。一年目は自分がおいしいと思うもの、やりたいことを思いのままにやっていましたが、

2年目になるといろいろなことが見え、最近は30年先を見据えて長く続けられる仕事を考えるようになりました」

　この日は年末ということもあって、師走の設えと献立に。カウンターの後ろに、厄払いを願って払子を掛け、料理は一年間を振り返ってもらえるようにとしみじみとした滋味深い「うずみ豆腐」から始まる。12月は蟹や河豚といった派手で贅沢な食材が揃う時季だが、コースの口開けはあえて精進もので控えめに。蒸したもち米をのせた自家製胡麻豆腐に白味噌汁を合わせ、心を傾け味わうと心身が穏やかにリセットされる。

　魚はその時季に一番いい白身を主に使い、12月は虎河豚、1月は寒鰤。冬はジビエも出し、うずら肉は椀種にして煮物椀、鴨は鍋にして提供。

　「以前は赤身や牛肉も出していたのですが、自分の料理の流れにしっくりせず辞めました。天然の車海老や最高級の鱧とか石茂魚とか、食べていただきたい食材は色々あります」と、中島氏は素材の吟味を大切にしつつ、自分らしい料理に向き合っている。

　オープン以来こだわってきた、出汁も然り。利尻昆布と鮪節のみでとった一番出汁を、季節で温度や時間を変えて毎日

5リットルほど抽出。一年かけて目標にしてきた酸味と雑味がない出汁に行き着くことができた。煮物椀の椀種を温めるのにも用い、海老芋は持ち味に寄り添うように出汁を含ませて餅粉揚げにすると、素材を邪魔せず、淡いのに旨みがくっきり際立つ。

　カウンターの形をとりながら、料亭のように奥の厨房で作って提供する料理は、緩急をつけた流れでお菓子まで入れると12〜13品。店内の改装工事は現在も進んでおり、料理ももてなしも、まだ進化の途中。10年、20年先も選ばれる店を目指すと志は高い。

018

鯵の天ぷら

Horse Mackerel Tempura

志村剛生氏が絶大な信頼を置く、静岡を
代表する魚屋『サスエ前田魚店』の前田
尚毅氏。両者が二人三脚で〝地元らしい
天ぷら〟を課題に、最初に取り組んだ素
材が鯵だった。研究に研究を重ね、血合
いの血を一滴も逃さない独自の方法を編
み出し、最良の状態で志村氏へと渡され
る。分厚く輝かしい断面の鯵の天ぷらは、
ほどよい弾力を感じつつもホロリとくず
れ、ふわふわの食感で口の中が幸福感に
満たされる。もちろん臭みは一切ない。
塩少々に醤油をちょい足しすることで、
鯵の旨みは最高潮に

TEXT: TAKAKO INAMOTO
PHOTO: TAKAHIRO TSUJI

成生

ナルセ

★★★★★ 4.52

GENRE
天ぷら

NEAREST STATION
静岡県・新静岡

📞054-295-7791（完全予約制）
静岡県静岡市葵区丸山町12-2
◉¥30,000〜¥39,999
🕐¥30,000〜¥39,999

milan1110／あくまで駿河前を体現した
地産地消のコース。揚げの技術も超一級、
素材との一体感で共に溶けて消えるよう
な天ぷら。

　静岡浅間神社に隣接する『成生』。2021年、静岡駅近くにあった店が移転した場所は、かつて神社内にあった別当寺院「惣持院」で、天海大僧正の常宿だった。その後は初代県知事邸や割烹旅館と姿を変え、やがて旅館が廃業すると、新たな『成生』がここに誕生したのだ。

　神聖な空気が漂うエントランスを通り店内へ入ると、カウンター前の窓に広がる、まるで絵画を思わせるような風景に思わず息を飲む。湧水に満ちた池を配した風光明媚な庭は、太田道灌が築造したという室町後期から続く由緒ある庭だ。

　この最上級の空間で頂ける志村剛生氏

の天ぷらは、神の域かと思えるほど芸術的だ。一見すると素揚げと見紛う薄付きの衣は、まるで雪の結晶のように繊細で美しい。志村氏は蓮根を揚げながら、天ぷらの魅力を丁寧に語ってくれた。

　「天ぷらは最高の調理法です。例えばこの蓮根の天ぷらですが、まず水分を油が引っ張って脱水します。そして火の温度を変化させれば中心を蒸らすこともできる。脱水、蒸らしときて、今揚げていますよね。最後に温度を上げることで焼き上げることもできる。天ぷらはこの4つの要素がすべて同時進行でできるんです」。そして、揚げたての蓮根を頬張っ

たとき、すぐさまその言葉を実感した。天ぷらの"焼き"によりサクッと軽快な音を立て、"脱水"で程よい水分を残しながら、"蒸し"で中心はホックリもちもちに仕上がっている。天ぷらの凄さを体感すると同時に、これが蓮根かと疑うほど初めて出合う風味と食感に驚嘆した。

コースには魚や野菜の天ぷら以外に、「油通し」などで一手間かけた、地元の魚のお造りも加わる。締めには静岡の米を薪釜で炊いたご飯も登場。かまどの火でご飯が炊けるのは、移転したことによるアップデートのひとつだ。食後は庭を見渡す茶室で静岡茶を味わい、『成生』のおもてなしはフィナーレを迎える。

料理、店舗とも、ここまで充実した店を築き上げたにもかかわらず、志村氏の目指すところはまだまだ先にもあるという。その目標のひとつに"外国人の天ぷら職人を育てる"というのがある。

「海外のシェフに修業に来てもらいたいですね。彼らが修業を終えて国に帰った時、僕らの知らない地元の食材で天ぷらを揚げてもらえたら嬉しいです。スタイルは多少違っても、いろんな国で発展を遂げたら面白いことが起きるんじゃないかと思うんです」。『成生』の厨房に外国人が立つ日も、そう遠くないかもしれない。

FIVE QUESTIONS TO NAKAJIMA

Q 普段遣いで行く店があればお教えください。

A 外で食事をすることはほとんどありませんが、行くとしたら焼肉です。普段、魚ばかり扱っているので、自然に体が欲します（笑）。コレと決めているお店はなく、ほとんど栄養補給のため。月に1度のペースで行っています。

Q 10年後、ご自身はどうなっている？

A 料理人としての技術はもちろん、人としても、今より成長していたいです。内面の成長や進化がないとできない料理もあります。おいしさばかりを追い求めず、そぎ落とされた引き算の料理を出せるようになっていたいです。

Q 思い出のひと皿を教えて下さい。

A 10代に交通事故で大けがを負ったのですが、その手術後に初めて口にした食事です。食べることで、生きていることを実感しました。普通の病院食でしたが、感謝の気持ちもあって給食業界で働き、料理人を目指すようになりました。

Q 理想とする料理人のあり方とは？

A 自分自身に厳しく、ストイックで、誰もやってこなかったことに挑戦している人。これは今の自分にない部分で、独立して感じるようになりました。少しでも近づけられるように日々修業し、30年先にはこうありたいです。

Q 数年後のお店の目標は？

A 少し余裕ができたらスタッフを雇って、育てたいです。人を育てることは大変ですが、人と向き合ってきちんと人間関係を築くことで、自分自身も成長できます。お客様や業者さんとの関係ももっと大事にしていきたいです

FIVE QUESTIONS TO ASK SHIMURA

Q 一番大切にしている
道具は何ですか？

A 特注の粉箸ですかね。もう15年は
使ってます。出張なんかでどこへ揚
げに行くときも、これを持っていき
ますよ。拍子木に使う木で、樫の木だったか
な。堅い木なんですが、最初はもっとずっと
太かったから、だいぶ削れてますね。

Q 一番好きな食材は
なんですか？

A やっぱり魚が好きですね。とくに青
魚です。鯵、鯖、鰯。決して高級魚
じゃないし、一般に出回る魚ですけ
ど、静岡の青魚の凄さはよく分かっているの
で。絶対東京にはない味がこっちにはありま
すから。食べ方はもちろん天ぷらですよ。

Q 日々心掛けている
ことは何ですか？

A 地元で野菜をつくってくれる方達だ
ったり魚屋さんだったり、食材を提
供してくださる方々と密に連絡を取
り合うことです。料理人は食材ありきですか
ら。その味を引き出すのが僕らの仕事だと思
うし、よりおいしくする努力をすることです。

Q 思い出の一皿を
教えて下さい。

A 『シェ・イノ』の井上シェフがつく
ってくれた「リードボー」は印象に
残っています。1点の料理のためだ
けに、あんなにいろんな高級酒を惜しげもな
く使ってつくったソースの味にはびっくりし
ました。あの奥深さはすごいなと。

Q 休日の過ごし方を
教えて下さい。

A 食べ歩きです。休みになると必ず行
きますね。都内にも行きますし、全
国どこへでも。オールジャンル何で
もいけますが、とくにカウンターの店が好き
ですね。焼き鳥とか、天ぷらももちろん行き
ますし、食事メインでお酒も飲みますよ。

019

穴子の天ぷら

Conger Eel Tempura

微細な孔が無数にあいた揚げ衣が特徴的。太白胡麻油に太香胡麻油で仄かに香りづけした低温の油を使い、揚げる時間はわずか90秒ほど。独特の衣により、油に投入された瞬間に立ち上がる水蒸気と一緒に、穴子特有の皮目の生臭さは抜け、きめ細かな泡を沸き立たせながら一気呵成に熱が入る。口に入れると、衣はシャリッとあっという間に溶けてなくなり、ふわふわの穴子の上品な風味で満たされる。天ぷらという調理法でしか成し得ない、素材の持ち味が引き出された逸品

TEXT: KOH WATANABE
PHOTO: JIRO OHTANI

にい留

ニイトメ

★★★★⯪ 4.67

GENRE
天ぷら

NEAREST STATION
愛知県・高岳

📞052-936-2077
愛知県名古屋市東区泉2-19-11
キャストビル泉2F
(今春移転予定)
🕐¥30,000〜¥39,999

ニールマン／新留店主の料理の凄さは、
料理以前に人間味の凄さでもあると思い
ます。

「天ぷらの概念が一変した」「世の中で一番おいしい料理に出合ってしまった」

　全国から名うてのグルマンたちを集め、歓喜と驚きの声に彩られる天ぷら店が、名古屋市の『にい留』である。

　1日わずか8席ほど。そのすべての天ぷらを一手に揚げるのが、店主の新留修司氏だ。つまみ4〜5品、天ぷら16品程度、デザートのサツマイモの天ぷらなどで構成される3時間超のコースは、五感を刺激するめくるめく新留劇場である。

　百聞は一見に、いや一口にしかず。天ぷらの先陣を切る海老を口にすれば、なぜ同店が伝説的に語られているかが腑に落ちる。衣は、軽さが追求され長くトレンドになってきた極薄のそれに比べると、しっかりと種に"付いて"いる。しかし、口に入れるとその衣は一瞬にして溶け、海老の強い甘みがフワッと広がる。海老とはこんなにおいしい食材だったのか……という驚きとともに。大葉でくるんだ白魚の天ぷらも然り。まさに天ぷらの概念が覆る体験だ。

　素材の旨みを閉じ込めるという意味で、"天ぷらは蒸し料理"と言われることも多い。衣でまず周りをカチッと固めてしまい、その衣の中で素材を蒸すイメージだ。しかし、新留氏は異論を唱える。

「はじめに高温の油で一気に衣を固める手法では、せっかくの香りも飛んでしまいますし、火の入り方も素材にダメージを与えるだけ。一つひとつの種に適した調理温度がありますし、蒸すのではなくほどよく脱水していくことが大切です。そのためにも重要なのが、どんな衣を使うか。寿司はシャリが命とされるのと同様に、天ぷらは衣が命なのです」

新留氏が使う油は、一般的なセオリーからすれば温度が低いうえに、火を止めて余熱だけで揚げることも多い。その穏やかな火入れによって、素材本来の風味を引き出しているのだが、それを可能にする秘密が衣にあるというわけだ。マイナス60度で2日以上寝かせて乾燥させた小麦粉を揚げる直前にふるい、空気を混ぜるという。そうしてつくられた衣は、低音の油でも瞬時に固まり、しかも全体に極微細な孔を持つ。新留氏の天ぷらが油の中できめ細かい泡に包まれるのは、無数の孔から素材が脱水されながらほどよく火入れされている証拠なのだ。

長年の経験の中で積み上げてきたこうした知見を、新留氏は客にも、同業者にも惜しげもなく詳らかにする。世の天ぷらをさらにおいしく。そう願ってやまない天ぷらの求道者であり、伝道者なのだ。

020

小肌

Gizzard Shad

小肌は、新子、小肌、中墨、子代と成長するにつれ名前が変わる出世魚。江戸前寿司では、稚魚である新子をことの他珍重しがちだが、「それぞれにおいしさがありますね」と、小肌をこよなく愛する杉田孝明氏。毎日仕込む小肌は「皮が薄く脂ののっているものを選ぶ」そうで、季節に応じて産地は変わっていく。撮影当日は熊本天草産。振り塩をして約50分、その後水洗いして酢で約50分ほど締め、その後、4日ほど寝かしてからようやく客の口に入る

TEXT: KEIKO MORIWAKI
PHOTO: SHINJO ARAI

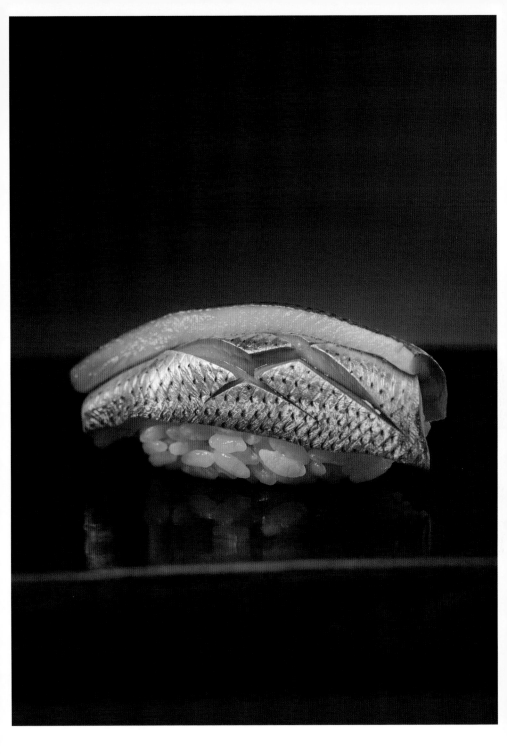

日本橋蛎殻町 すぎた

ニホンバシカキガラチョウ スギタ

★★★★⯪ 4.71

GENRE
寿司

NEAREST STATION
東京都・水天宮前

📞03-3669-3855
東京都中央区日本橋蛎殻町1-33-6
ビューハイツ日本橋 B1F
◎¥35,000〜¥49,999
🌙¥35,000〜¥49,999

サンショウマン／ほんと杉田大将の流れ
るような鮨を握る所作はず〜と見てて気
持ちいい！

　フーディーはもとより、幅広いジャン
ルの料理人からも熱い支持を受ける江戸
前寿司の名店『日本橋蛎殻町 すぎた』。
その根強い人気の秘密はいったいどこに
あるのかといえば、もちろん、握りの旨
さは言わずもがなだろう。だが、それだ
けではない。暖簾をくぐり、店に一歩入
った瞬間から包み込まれる何か「気」の
ようなエネルギー。ご主人・杉田孝明氏
とスタッフたちとの見事なチームワーク
から醸しだされる心地良い〝場〟の雰囲
気に、知らず引きこまれ、気がつけば、
すっかり心を奪われている自分に気づく。
まさに「ただ旨い寿司を提供するだけで

はなく、寿司を食べる時間を楽しんでも
らえたら」と語る杉田氏の思いが反映さ
れた口福のときが静かに流れている。
　そして、丸みを帯びたディテールのそ
の握りも自身の人柄にも似て、ふっくら
として優しい。決して軟弱なわけではな
く、優しさの中にもキリリと光る鯔背な
味わいには、杉田氏の負けん気の強さが
潜んでいるようにも思われるのだ。
　その最たる例が小肌だろうか。江戸前
寿司の真打ちであるこの寿司種を、杉田
氏は握りの最初に出す。なぜなら、魚を
おろし、塩と酢で締めるという一連の江
戸前寿司の仕事が、小肌一貫に集約され

ていると考えているからだ。また、寿司にしたときにその旨さが最も発揮される魚であることも理由のひとつ。曰く「寿司になるべくして生まれた魚」だからこそ、職人の個性や実力が如実に現れることも事実。いわば、店の名物といえる握りであり、そこに杉田氏の自負がある。

　独立してから現在まで、様々な試行錯誤を重ねる中で培ってきた〝すぎたの寿司〟。それは、ハンデに負けることなく、コンプレックスを跳ね返してきた杉田氏の、秘めたる負けん気の強さの賜物と言ってもいいだろう。修業先ではリスペクトのなかで多くの〝気づき〟を与えても

らい、その上で今の杉田氏のスタイルは築き上げられた。それゆえ、独立してからは、毎朝河岸に通っては魚を見る目を養い、仕入れ先も変えた。季節ごとに変わる魚の手当て、切りつけ、塩と酢の締め加減……。どれも一から手探りで探究を重ねここまで上り詰めた。日々の鍛錬の中、肌で会得した小肌の絶妙な締め加減、ねっとりと官能的な旨みを活かすため面を大きく取る鮪の赤身の、独特な切りつけに、江戸前の古い仕事である煮烏賊をミディアムレアに仕上げた一貫。寿司と真摯に向きあううち、生まれた〝杉田流江戸前の仕事〟がそこにある。

FIVE QUESTIONS TO ASK NIITOME

Q 数年後の
お店の目標は？

A 若いスタッフを入れて後進を育てたり、他店とのコラボレーションを試みたり、業界を活性化し貢献できる活動もしていきたいと思っています。技術を伝え、後世に残していくというのも、料理人に必要な役目だと思っています。

Q 理想とする料理人の
あり方とは？

A 東京・二子玉川『すし 㐂邑』の店主・木村康司さん。職人として他人に厳しいけれど、自分に対してはそれ以上に厳しい。誰に対しても付き合いが表面的ではなく、本質のために全力で正直。だから、とても温かく大きな方だと感じます。

Q 休日の過ごし方を
教えて下さい。

A 昔はバイクにも乗っていたりしましたが、今は服をよく買いに行きます。ストレス解消にもなりますし、カウンター仕事の料理人は、常に人に見られている職業。その意識を高めるためにも着る服にもこだわっています。

Q 今一番、再訪したい
お店はどこですか？

A 福岡にある寿司『近松』さん。いわゆる王道系の寿司では、ずば抜けておいしいと思います。福岡にいた時代から店主の坂西信浩さんにはよくしていただき、職人としての真摯な姿勢など人間的にもすごく尊敬しています。

Q 一番大切にしている
道具は何ですか？

A ホイッパーです。25歳からこだわりはじめ、これまでに20種以上のホイッパーを試し、現在のホイッパーに行き着いています。自分の衣づくりの原点。今も壊れたときのために、同じ製品を常に3つはストックするようにしています。

FIVE QUESTIONS TO ASK SUGITA

Q 数年後の
お店の目標は?

A 先の目標を決められないタイプで、昨日よりも今日、今日よりも明日と思い、これまでもやってきましたし、それはこれからも同じ。未来の自分が今の自分を振り返ったときに「あの頃はよくやっていた」と思えるような仕事をしたいですね。

Q 理想とする料理人の
あり方とは?

A 自分はものづくりだけに傾倒していくタイプではありません。自分を料理人と思ったことはなく、寿司屋という人生を生きている感じです。理想とする姿は、背筋がピシッとした職人であり、人間でありたいですね。

Q 座右の銘を
教えて下さい。

A 鶏口となるも牛後となるなかれ。中国の歴史書「史記・蘇秦列伝」にある言葉で、大きな団体のなかで人の後ろについているよりも、小さな団体で頭になったほうが良いという意味。父からの教えで、小さな頃から心に留めています。

Q 思い出の一皿を
教えて下さい。

A いまはなき日本橋の『レストランテキサス』の「ハンバーグカレーグラタン」。シェフはわたしの義理の父。今はもう亡くなってしまいましたが、困っていたときや何かあれば、この料理を食べさせてくれました。忘れられない味です。

Q 寿司以外で好きな
食べ物は何ですか?

A 納豆です。小さな頃から好きで、他の子どもがポテトチップスを食べている時に、僕はおやつに納豆を食べていました。納豆の味わいが好きで、特にどこの納豆を好んで食べるというこだわりはありませんが、いまも一日一納豆を食べます。

Best New Entry | 05

| Bronze |

宮坂

ミヤサカ

★ ★ ★ ★ ☆ 4.02

GENRE
日本料理

NEAREST STATION
東京都・表参道

📞03-3499-3877
東京都港区南青山5-4-30
ヴィラソレイユE号
🕐￥40,000〜￥49,999

「数ある店の中で自分が最も訪れたいと思う空間を
つくりたかった」と、店主の宮坂展央氏。「ミシュ
ランガイド東京」にて5年連続二つ星を獲得し続け
た『御料理 宮坂』を仕舞い、屋号を改め構えた店
には、もてなしの哲学と美意識が凝縮されている。
閑静な裏路地に灯る看板を目当てに暖簾をくぐると、
香が漂い、季節の軸や花を飾った床の間に迎えられ、
カウンター席から望む茶庭の四季が、お客の心を和
ませる。ディナーコースの全11品は、いずれも奇
をてらわない正統派ながら、仕事の繊細さゆえの稀
有な美味を宿す。その真価を最も窺えるのが、実は
「御飯」なのだ。精米したてのこだわりの米を土鍋
で炊き上げ、煮えばな、白米、旬のおかずとともに
変化を堪能することで、日本人としての悦びと、茶
の湯のもてなしの神髄に触れることができる。

TEXT: YUMI SATO   PHOTO: MAMI HASHIMOTO

Best New Entry | 06

鎌倉 北じま

カマクラ キタジマ

★★★★☆ 4.07

GENRE
日本料理

NEAREST STATION
神奈川県・鎌倉

📞0467-73-7320
神奈川県鎌倉市大町4-3-18
🕐¥20,000〜¥29,999

京料理の技と鎌倉食材の融合が、日本料理界に新風を巻き起こしている。京都『和久傳』の各店で16年の研鑽を積み、『丹』の料理長としても知られた北嶋靖憲氏。2021年5月、独立を機に故郷である鎌倉にこの店を構えた。地の食材に主眼を置き、中でも一流シェフ御用達の魚仲買人・長谷川大樹氏が扱う相模湾の珍しい魚を活かした料理の数々は、フーディーたちを早くも魅了している。「その食材が持つ本来のおいしさを追求したい」と語る北嶋氏。漁師から地魚の手当てを学び、浜風で育つ野菜や野山の山菜と出合い、この地だからこそ表現できる味わいを探求し続けている。また、コースに鯨や魚介のアラで出汁を取ったラーメンを取り入れるなど、自由闊達な創作意欲も旺盛だ。古都の食文化を繋ぐ気鋭の料理人から、今後ますます目が離せない。

TEXT: YUMI SATO   PHOTO: NORIKO YONEYAMA

Best New Entry | 07

一本杉 川嶋

イッポンスギ カワシマ

★★★★☆ 4.15

GENRE
日本料理

NEAREST STATION
石川県・七尾

📞0767-58-3251
石川県七尾市一本杉町32-1
💴¥20,000〜¥29,999
🌙¥20,000〜¥29,999

　かつて万年筆店だった有形文化財の建物の奥へ進むと、端正なタモの一枚板カウンター。この8席は、今や少なくとも1年先まで予約が埋まるプラチナチケットとなっている。「能登各地の生産者の方々の応援に支えられてこの店はある。選りすぐりの特級品をこの川嶋に使わせていただけることに、本当に感謝しかありません。素材の魅力を最大限に引き出し、そのおいしさを伝えるのが私の使命です」と話す店主・川嶋亨氏。自身も無農薬の特別栽培米の田植えや刈り入れを手伝い、畑作業を買って出て、能登の食材の生産現場の背景を知り、体感することに全力を注ぐ。生産者との強固な信頼関係を築き、とことん深掘りした食材は、最高峰と讃えられた京都『桜田』直伝の命の出汁で、珠玉の料理に昇華させる。注目と喝采を集める一軒だ。

TEXT: KOH WATANABE　PHOTO: RYOTA MURA

| Silver |

Restaurant Naz

レストラン ナズ

★ ★ ★ ★ ★ 4.09

GENRE
イノベーティブ・フュージョン

NEAREST STATION
長野県・信濃追分

📞0267-46-8840
長野県北佐久郡軽井沢町追分134-3
GREEN SEED軽井沢内
◉￥30,000〜￥39,999
🌙￥30,000〜￥39,999

　軽井沢の美しいカラマツ林に佇む、瀟洒な山荘といった趣のレストラン。繰り出される料理は、どれも端正なプレゼンテーションながら、独自の発酵技術を駆使した創意工夫と驚きに満ちている。スペシャリテの「ビーツの再構築」は、ビーツを火入れや熟成、真空調理、乾燥・粉砕など多種多様な料理を施し、発酵エキスをまとわせて、再び一つのビーツに構築した一品。ビーツ本来の持ち味を超えた圧倒的な〝ビーツ感〟が重層的に押し寄せ、口の中で躍動する。オーナーシェフ・鈴木夏暉氏は2020年に弱冠26歳で開業した気鋭。16歳で料理の世界に入り、ナポリで修業後、新北欧料理をリードする『noma』や『kadeau』などで研鑽を積んだ。調味料や動物性脂肪に極力頼らず素材の旨みを引き出す天賦の才が、静かにほとばしっている。

021
————

鮪

Tuna

『東麻布 天本』に卸される特別な鮪のお
いしさを、ひときわ感じられるのが中ト
ロ。シャリをふわっと包み込むような柔
らかさに加え、香りと味もまた別次元だ。
繊細な質感ゆえ色の変化も早いのが寿司
屋泣かせだそうで、「わがままな鮪なん
です」と振り回されることを楽しんでい
るかのような天本正通氏。シャリは1年
寝かせて水分を飛ばした滋賀県産の古米
にこだわり、コシヒカリと日本晴の2種
をブレンド。水分量を極力少なく、炊き
時間はサッと短めに仕上げている

TEXT: AKI FUJII
PHOTO: SONO

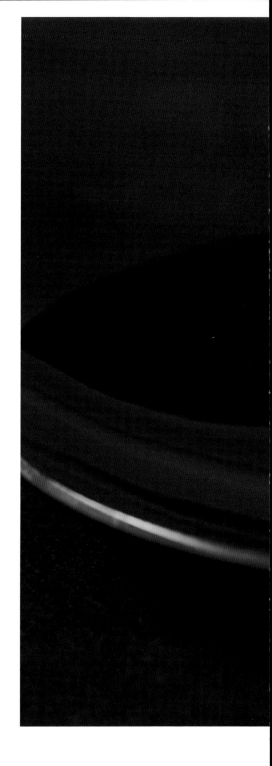

東麻布 天本

ヒガシアザブ アマモト

★★★★☆ 4.60

GENRE
寿司

NEAREST STATION
東京都・赤羽橋

☎ 非公開
東京都港区東麻布1-7-9
ザ・ソノビル102
🕐 ¥4,0000〜¥49,999

ぴーたんたん／塩釜の鮪は艶かしく口ど
けてシャリと一体になり、これでもかと
旨味を口中に爆発させる。

外苑前『海味』で先代親方の元9年間寿司を究め、滋賀県にあった『しのはら』、京都『祇園 さゝ木』で日本料理を学び、2016年に『東麻布 天本』を開業した天本正道氏。オープンからわずか半年でミシュランに二つ星として掲載され、連夜満席の予約困難店となった。

早朝、市場と連絡を取り合った後7〜15時までひとりで仕込みをする氏にとって、仲買との信頼関係は極めて肝要だ。「『海味』の修業時代、先代の親方と二番手の僕と一緒に、3人で築地市場を回っていた女性が、現在はパートナーとして仕入れを担当してくれているんです。

元々コンサルとして、ある仲買の社長さんと一緒に魚の目利きをしていた方だったので、常に僕が期待する、それ以上のネタを選んできてくれる。信頼できる目利きの人間がいてこそ、自分は仕込みに集中させてもらえています」

『東麻布 天本』のピンの寿司種を語る上で欠かせないのが『フジタ水産』の鮪だ。「ここの鮪は味も別格ですが、その繊細さゆえ熟成ができないため、身が最も柔らかくなるタイミングを、藤田浩毅氏が見極めて卸してくれるんです。ですから僕自身が一番意識するのも、信頼できる仲買・目利きが繋いでくれた素材を、ど

う活かせるか。自分ひとりの店じゃないという思いは大きいですね」

その中トロは、シャリと同じだけ柔らかく握られ、空気を織り込んだようにしなやかなシルエットに、思わず息をのむ。舌の上でフワッととろけると、ふくよかな旨みの応酬が始まった。

「この数年でやっと力も抜けてきて、お客様が求めているものは何なのかという視点を持てるようになりました。要は、12貫の中で何回感動してもらえるかなんです。とびきりの1貫が記憶に残ればいいし、それが2貫でも3貫でも増えていくのが理想。握りで感動させられても、

たとえば合わせるお酒や最後の玉子焼きが記憶に残らなければもったいないですよね。お酒のセレクトを細部まで見直し、玉子焼きは神戸にある名パティスリーのアドバイスを受けて3時間かけて焼き上げるなど、工夫を重ねました。ですから一品ごとのお客様の反応は常に見ていますし、そこで感動された一貫があれば次に繋げ、その〝感動〟をより増やせるよう努力しています」

お客様に向き合い、〝おいしい〟の照準に少しずつ近づけていった、地道で緻密な努力こそが、現在の『東麻布 天本』を確立したのは間違いない。

022

長野県ぎたろう軍鶏を
身ごと丸ごと煮出して作ったスープ、
小さなラヴィオリ
"カペレッティ"と共に

カペレッティ
イン ブロード

Cappelletti in "Brodo",
Soup using broth slowly
extracted from one whole
Gitaro Shamo Chicken from Nagano
with small "Cappelletti" ravioli

コースの始まりとしてよく登場する料理
がブロード(軍鶏のスープ)だが、アルバ
産の白トリュフに味がのる冬季のみ、こ
のパスタ入りの逸品と出合える。長野県
産ぎたろう軍鶏を一羽丸鶏のまま、約
24時間かけて煮出したブロードは、1
度たりとも沸騰させないことで、軍鶏本
来の香りと肉の旨みだけを綺麗に抽出し
たもの。自家製のカペレッティには、軍
鶏肉のミンチと白トリュフを使用。仕上
げに浮かべたトリュフの香りが、軍鶏出
汁の濃厚な味わいをさらに引き立てる

TEXT: YUMI SATO
PHOTO: TAKAHIRO TSUJI

PELLEGRINO

ペレグリーノ

★★★★⯪ 4.58

GENRE

イタリア料理

NEAREST STATION

東京都・広尾

📞非公開
東京都渋谷区恵比寿2-3-4
◉¥50,000～¥59,999
🕐¥50,000～¥59,999

hiro46pon／1、2部とお料理の構成が
ドキドキワクワクでしかなく量も多くし
っかりあるけど、最後まで重たさがなく
頂けた！

　ここ数年、当アワードにおいて唯一
GOLDを獲得するイタリア料理店がこ
こ『ペレグリーノ』。営業は週に4日、
6席のみというこの予約最難関の店で、
スペシャリテに掲げてきたのが本場パル
マ産の生ハムだ。しかし、2022年にイ
タリアで発生した豚の疫病による影響で、
日本への生ハム輸入が停止され1年が経
つ。開業以来のこの危機に直面してもな
お、オーナーシェフ・高橋隼人氏は、一
貫した姿勢を崩さない。「これまでは僅
かなストックで提供を続けてきましたが、
輸入再開まではコース展開を変える方向
で考えています。スペインやフランス産

も吟味していますが、自分の料理に本当
に必要か見極めていきたい」。もちろん、
あの極薄の生ハムは至高の逸品だが、こ
の店の真価は傑出したコースにこそある。
　キッチンの中に設けられた客席で、調
理の香りや音、シェフの所作を間近に感
じながら料理を楽しむスタイルはライブ
感に溢れ、高橋氏の料理もまた音を紡ぐ
ように生まれる。営業日は料理に集中す
るため、食材の仕入れは店休日に行う。
自ら豊洲に足を運び、自分の目で見て琴
線に触れたものだけを厳選する。
　コースの献立は、仕込んだ食材の状態
を見ながら当日に決める。予約時間にべ

ストなものだけを選りすぐると8割程に
絞られるため、予定の品数より多めに仕
込んでいる。料理の味わいや質感、合わ
せるワインとその余韻まで、一つひとつ
のピースをブラッシュアップし、自身の
イメージに合わせてそれらを組み立てて
いく。それは、まるで旋律を奏でるよう
に、それぞれが最も引き立てあう流れを
構築し、コースは出来上がる。

　例えば、この日の料理「九絵、ウイキ
ョウ」は、30kg級の天草産クエを2週
間ほど寝かせ、凝縮した香りと旨みに。
中心が常温になる程度にやさしく火を入
れたら、ほんの少量の赤ワインビネガー

で魚の臭みを浄化させる。クエの味わい
を増幅させるアルバ産の白トリュフは、
削ったものと、砕いたものをアクセント
としてあしらう。ウイキョウのピューレ
は、ソースではなく魚を食べた後の口直
しとして添える。そして、料理に合わせ
るのは、キリッとしたノン・ドサージュ
のシャンパーニュを。熟成で極限まで魚
の味わいを引き出し、そこからの引き算、
足し算は徹底してロジカルになされてい
る。これは明確な着地点へのビジョンと、
チューニングのセンスがなせる技だ。

　生ハムがなくとも、この店のコース料
理は燦然たるGOLDに違いない。

FIVE QUESTIONS TO ASK AMAMOTO

Q 今一番、再訪したい
お店はどこですか？

A 京都の『緒方』さんと金沢の『片折』さん。素材を生かした日本料理が好きで、自分の料理でも同じことを意識しています。自分が受けた刺激や感動を、今度はお客様に提供できるように、活かしたいと思えるお店です。

Q 休日の過ごし方を
教えて下さい。

A 2年前に友人の誘いで始めたゴルフがいま休みの日の1番の楽しみです。人の色んな一面が見れて楽しい。お客さんと行ったりもしますし、寿司業界でもゴルフ好きが多いので同業の友達と行ける日を楽しみにしています（笑）

Q 数年後の
お店の目標は？

A 今年で41歳になります。まだまだ若いですし、ブレーキを踏まず日々努力したいと思っています。自分の絶対的な武器は仕入れ力です。1日1日その日のベストを尽くしお客様に喜んでいただくために全力で仕事に臨みたいと思います。

Q 理想とする料理人の
あり方とは？

A 寿司職人を目指したきっかけでもある、『海味』の先代の親方です。もともと自分は人前で話すのが苦手でしたが、親方のお陰でお客様との会話を学び、今の人間関係を築きました。実は修業時代に一番大切なことを学んだと思っています。

Q 地元・福岡に帰ったら
通っているお店は？

A 父がやっている中洲の屋台『紀文』です。74歳の父が毎日お店を閉めた後に、夜中まで屋台を全部畳んで片付ける姿を見て、また自分も頑張ろうと思えます。地元ではお付き合いで寄る以外、ほぼ『紀文』しか行かないですね。

FIVE QUESTIONS TO ASK TAKAHASHI

Q 一番好きな食材は
なんですか？

A 一番は決められませんが、重要なのはやはりプロシュート・ディ・パルマです。そして、欠かせないのはワインです。コースのペアリングでは、次の料理をつくる時の香りとの相性まで考えて選んでいるので、ぜひ一緒にお楽しみください。

Q 料理人に
なっていなかったら？

A 僕自身、いまでも料理人という意識はあまりありません。何か社会に貢献するために、自分にとって適しているのが料理だったというだけです。ただ、きっと何をしていてもいまと同じ気持ちで、自分流に取り組んでいると思います。

Q 料理人に修業は
必要か否か？

A 仕込みから調理、サービスまですべて自分で行い、お客様の反応を肌で感じながらつくっていくことが僕にとっての料理なので、修業は必要だったと思います。ただ、その考え方やスタンス次第では、必要がない人もいるかもしれません。

Q 10年後、ご自身は
どうなっている？

A 自分でこんなことを言うと頭がおかしいと思われるかもしれませんが、僕はいまもビッグな存在です。ただ、10年後はいまよりもさらにビッグな存在になっているでしょうし、より幸せな状況になっていると断言します。

Q 今後やってみたい
コラボレーションは？

A 僕は音楽を聴くことも演奏することも大好きなので、GEZAN、toddleなどミュージックに携わる方や、荒木飛呂彦先生など漫画アーティストの方と、交わることができたら面白そうです。そして、海外というキーワードにも可能性を感じます。

023

秋田比内地鶏の
もも肉

Firewood Grilled Jidori
Standard Hinai Chicken
Thigh From Akita Kogen

古伊万里の皿に置かれた一本が、「薪
鳥新神戸」のシグネチャーメニューとも
いうべき〝秋田比内地鶏のもも肉〟だ。
全16品から成るコースの最初に登場す
るこの一串で、訪れる客は胃袋を掴まれ、
薪で焼く鳥の魅力に心を奪われる。「秋
田高原比内地鶏は、脂に甘みがあって肉
質が緻密。旨みの濃い鶏ですね。いろい
ろ試しましたが、薪火に一番よく合いま
した」とは店主の疋田豊樹さん。塩は日
本海の天然塩を使用。鶏と薪と塩のみで
完結するシンプルなおいしさだ

TEXT: KEIKO MORIWAKI
PHOTO: KAYOKO UEDA

薪鳥新神戸

マキトリシンコウベ

★★★★⯪ 4.10

GENRE
焼鳥・鳥料理

NEAREST STATION
東京都・麻布十番

📞 非公開
東京都港区三田1-10-6
🌑 ￥20,000〜￥29,999

グルメだんな／本当にこれは唯一無二。
香りもそうですが、このジューシーさが
薪焼きの特徴だと思います。

　焼き鳥といえば炭火がおなじみだが、薪火で焼く新しいスタイルの焼き鳥で評判の一軒がここ『薪鳥新神戸』　だ。2020年にオープンするや、瞬く間に予約の取れない人気店となった同店。それも、日々研鑽を積む店主・疋田豊樹さんの弛まぬ努力と焼き鳥愛の賜物だろう。

　コースの幕開けを飾るのは、秋田高原比内地鶏のもも肉。こんがりと美しい狐色に焼けた皮は潤いを帯び、艶やかな光沢を放っている。その薫香に誘われるようにしてかぶりつけば、熱々の肉汁が口中に迸り、噛み締めるほど地鶏ならではの旨みと微かな熟成香が味蕾に広がる。

　薪の芳ばしさと相まった躍動的なおいしさには目を見張るばかりだ。曰く「薪の薫香にピッタリの鶏を見つけるため、30羽は試しました。試食を重ねるうち、薪火には硬めでも身質のしっかりした軍鶏や地鶏系の鶏が合うと確信したんです」とはいえ、フレッシュなまま焼いたのでは歯応えがありすぎる。そこで鶏を丸ごとチルドで10〜14日ほど寝かし、身を軟らかくすると共に旨みを増強。

　一方、手強かったのは薪火。硬くストレートな炭火に対し生木を用いる薪の炎は、水分を含んでゆらゆらと燃える。肉をジューシーに焼くには適しているもの

の、その分、皮をパリっと焼きあげるのは至難の技だ。試行錯誤を繰り返す中、失敗が思わぬ活路を開いた。「ももの串を薪火に翳したまま放置してしまったのですが、焦げたと思った皮がパリッと焼けていたんです。」とは疋田さん。そこで、遠火の炎が絶えずあたるよう火から離し、皮目だけを時間をかけて焼くことにしたそうで、皮目をしっかり10分ほど焼いたら、身の方はさっと炙る程度でOK。これが、皮はパリッ、身はしっとりと仕あげる疋田流の極意と知ろう。生感を残しつつ、火はきちんと入ったレバーは舌でとろけ、串には刺さず丸ごと鶏脂を塗

って焼く砂肝は弾けるような弾力に頬が緩む等々、いずれもそれぞれの部位の特質にあった焼き加減も見事だ。

そして圧巻は締めのそぼろご飯。ここでも薪が大活躍。鶏挽肉を薪の炎で豪快に炙り、炊きたてのご飯と合わせた傑作だ。ご飯にも薪の香りが移るよう炭化した薪を入れるパフォーマンスもユニーク。王道でありながら、一歩先を行くセンスはさすが。焼き鳥の合間に旬の小皿を挟み、最後まで飽きさせない心配りも憎い。割烹スタイルでありながら、職人技が光る一串一串は、焼き鳥を食べたという実感をきちんと感じさせてくれるはずだ。

イノシシの
薪焼き

Wild Boar Slow-Grilled
With Firewood

地元で獲ったイノシシのリブロースを、薪の熾火でじっくり焼き上げた一皿。バターナッツカボチャのピュレ、イノシシのジュのソースでいただく。肉は専属ハンターが仕留めてすぐさま持ち込んだものを使っており、谷口英司シェフが自ら素早く解体を行ったのちに、専用の保管室で熟成させるという徹底ぶり。肉の旨み、脂の甘みが強く、イノシシ肉本来の上品な滋味に驚くことだろう。添えられた自家栽培した在来種の赤カブ、ほうれん草もまた味わい深い

TEXT: KOH WATANABE
PHOTO: TAKUYA SUZUKI

L'évo

レヴォ

★★★★☆ 4.43

GENRE
フレンチ

AREA
富山県・南砺市利賀村

📞0763-68-2115
富山県南砺市利賀村大勘場田島100
🍴¥20,000〜¥29,999
🌙¥20,000〜¥29,999

コスモス007／地方のイノベーティブで
は最高峰の風格。遠くても行く価値あり。
季節を変えて伺ってみたい。

　富山市内のレストランですでにローカ
ルガストロノミーの旗手として名声を得
ていた谷口英司シェフは、オーベルジュ
としての移転リニューアルという決断で
世間を驚かせた。新天地は富山県利賀村。
富山市中心部から車で約1時間半、最寄
り駅からでも約40分かかる不便な場所
だ。その1,000m級の山々に囲まれた人
里離れた渓谷に、レストラン棟、コテー
ジ3棟、サウナ棟、パン焼き小屋などか
らなるヴィラをつくり上げた。
「昔はテクニックが命だと最先端の料理
を追求したけれど、最先端には必ず飽き
が来る。それはゲストにはもちろん、料

理人にとっても。今はいかに地域に根差
し、土地の気候風土や野山の食材、食文
化の知識を深められるかに興味がある」
と、シェフは利賀村の雄大な自然に同化
するかのように泰然自若としている。
　自ら山に分け入って山菜や野草、木の
実を摘み、専属のハンターが命懸けで仕
留めてくる鳥獣をさばく。菜園では地元
で受け継がれてきた在来種の野菜を育て
る。魚は富山湾から揚がる鮮度抜群のも
のと徹底。利賀村に暮らす先達に教えを
請い、自らがフィールドで得た体験と知恵
を元に、その土地ならではの食材と向き
合う。食器やカトラリーもほとんどが富

山の作家のもので、まさに "オール富山"。

　ハンターから毎日のように持ち込まれる獲物は、ツキノワグマ、シカ、イノシシ、アナグマ、キジ、カモなど。ジビエの良し悪しは適切な処理と熟成が肝。「日本で一番、数を捌いているのではないか」と自認するほど大量のジビエを扱うが、決してルーティンワークにはしない。肉表面の酸化を防ぎながら赤身の旨みをさらに引き出せるようにと、毛皮付きのまま熟成を試みるなど、常に定石を疑い研究を重ねる。そんな極上のジビエは、薪焼きをはじめとする引き算の調理によって、唯一無二の一皿に昇華。

　雪解けが進む4月からは、「食べられそうなものは何でも採る」という山野草の採取が本格化する。お気に入りの野生食材であるクロモジは葉だけでなく花や枝も使い、肉や魚の持ち味を引き立てる。カエデの樹液は天然の極上甘味料。フキノトウの香りをオイルにうつしてソースやスープに。深夜にもいだ山ウドのみずみずしさといったら……と、魅力的な食材やその活用術は枚挙にいとまがない。最先端のテクニックへのこだわりを捨てて辿り着いた新境地。そこでは、ローカルガストロノミーの最新形として比類なき輝きを放っている。

FIVE QUESTIONS TO ASK HIKITA

Q 焼き鳥以外で好きな
食べ物は何ですか？

A 蕎麦が好きですね。自分でも趣味で
打っていましたから。喉越しの良い
二八がいちばん好みです。蕎麦屋に
行ったらまずもり蕎麦を食べ、出汁を味わい
たいのでかけを頼み、最後は種物と3種は注
文しています。

Q 休日の過ごし方を
教えて下さい。

A 休日はもっぱら食べ歩きをしていま
すね。自分一人のときは大抵焼き鳥
屋に行きます。ガード下の店から高
級店まで焼き鳥なら例外なく好きなんです。
平日によく行くのは渋谷『鳥福』。うちとは
全く違うスタイルですが。

Q 思い出の一皿を
教えて下さい。

A 東銀座にあった焼き鳥『たて森』の
建守さんが焼いた高坂地鶏のもも肉
にはびっくりしました。皮はパリパ
リに焼けているのに身はしっとり軟らかい。
今、自分が焼いている焼鳥の原点というべき
存在で、理想形です。

Q 料理人に
なっていなかったら？

A 釣具屋の店主かな？ 釣りが好きな
んですが、釣る行為よりも仕掛けを
つくったり、餌を配合したりと釣り
に行く前の下準備が楽しいんです。ものづく
りが好きだったのでなにかしら手に職をつけ
たいと思っていました。

Q 10年後、ご自身は
どうなっている？

A 相変わらず鶏を焼いていると思いま
すが、養鶏にも興味があるので、も
しかしたら理想とする鶏を自分で育
てているかもしれません。疋田鶏とか（笑）。
養鶏場のすぐそばで焼き鳥屋をやるのもいい
かもしれません。

FIVE QUESTIONS TO ASK TANIGUCHI

Q 座右の銘を
教えて下さい。

A 「進化」。常に前を向いていること。それが大事だと思います。前を向いて、レストラン、そして自分が少しずつでも着実に成長・進化していくことができれば、と思います。L'évoという店名には、その思いを込めました（évolution＝進化）。

Q 料理人に
なっていなかったら？

A パン職人になっていたでしょうね。パンをつくるのも食べるのも好きなので、移転後のL'évoには、レストランでお召し上がりいただくパンを焼く「パン小屋」をつくりました。パン屋さんができるくらいの設備を入れています（笑）

Q 休日の過ごし方を
教えて下さい。

A 美味しい食材を提供してくださる生産者さん、素晴らしい食器やカトラリーなどをつくってくださる作家さんを訪ねて、対話することです。刺激をいただき、それが料理の発想の源にもなっています。気になるお店に食べ歩きもよく行きます。

Q 数年後の
お店の目標は？

A さらに富山の風土に根差したレストランにすること。実現できていないことも多いですし、進化できるポイントはたくさんあります。この土地により深く根差し、地方に魅力を感じている方々にもっと愛されるお店にしていきたいです。

Q 10年後、ご自身は
どうなっている？

A 今よりも、もっと自然と共存できるようになって、きっとたくましくなっているはず（笑）。10年という長い年月をかけて土地に馴染んでいくことで、今はまだ想像もできないような新しい料理を生み出していると思います。

Best New Entry | 09

| Silver |

橦木町 しみず

シュモクチョウ シミズ

★★★★☆ 4.13

GENRE
日本料理

NEAREST STATION
愛知県・高岳

📞052-890-5515
愛知県名古屋市東区橦木町3-24
プランドール橦木 1F
🕐¥20,000〜¥29,999

　大阪を代表する料亭『本湖月』で11年、岐阜市の日本料理の名店『たか田八祥』で6年の修業を積んだのち、2022年1月に名古屋で独立を果たした清水陽介氏。店の幹に据えたのが、故郷・岐阜の四季を感じられる料理を出すことだ。たとえば夏なら、清水氏が「当店のスペシャリテ」と胸を張る「鮎の食べ比べ」を。地元・郡上市の清流・和良川が育んだ和良鮎と、岐阜の他の産地の天然鮎を豪快に炭火で焼いて提供し、カウンターの客を歓喜の渦に包む。また清水氏のさらなる哲学の発露は、冬のある日の椀・越前ガニの真薯にも。大根で薄氷を表現した一品には、「見た目で四季を表現してこそ日本料理」と、矜持ともいうべき思いが見て取れる。他にも器づかいが秀逸で、さまざまなアプローチで季節の味、そして風情を感じさせてくれるのだ。

TEXT: KOJI OKANO　PHOTO: TAKUYA SUZUKI

| Bronze |

湖里庵

コリアン

★★★⯪☆ 3.98

GENRE
日本料理

NEAREST STATION
滋賀県・マキノ

📞0740-28-1010
滋賀県高島市マキノ町海津2307
◉¥15,000〜¥19,999
🕐¥15,000〜¥19,999

　古くは淡水の海・淡海と呼ばれた琵琶湖は、海と変わらぬ豊かな生物をその懐に育む。琵琶湖畔で230年以上続く鮒寿しの老舗『魚治』に生まれた左嵜謙祐氏は、誰よりもその豊かさをわかっていたのだろう。料理の道を邁進しながらいつも地元食材の魅力を伝えることに専心してきた。七代目当主となり、災害による店の全壊と再建という転機を乗り越えてきた今、その技は成熟の域に達する。たとえばある日のコース。まず八寸に、鮒寿し本来の強い酸味と濃厚なコクのとも和えと、酒粕に漬けた甘露漬けが登場。かと思えば、からすみ餅に着想を得た鮒寿し餅から、洋風に仕立てたパスタまで。繰り出されるのは、鮒寿しの歴史と未来を感じさせる、心づくしの料理の数々。琵琶湖の清澄な水に育まれた雑味のない魚を、風光明媚な景色のなか堪能したい。

Best Regional Restaurants

ベストリージョナルレストラン

どんなに時間をかけてでも、食べに訪れる価値がある店

たとえ遠方でも、わざわざ訪れたい店。そんな各地の名店をユーザー投票により選定。
ファンの声によって選ばれた栄えあるレストランはこちら。

2018

柳家
日本料理
岐阜

比良山荘
日本料理
滋賀

2019

**天寿し
京町店**
寿司
福岡

成生
天ぷら
静岡

2020

徳山鮓
日本料理
滋賀

**日本料理
たかむら**
日本料理
秋田

2022

片折
日本料理
石川

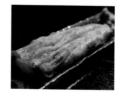

瞬
うなぎ
静岡

2023

すし処 めくみ
Sushidokoro Mekumi

. . . .

GENRE
寿司

NEAREST STATION
石川県・野々市

. . . .

獲れたての魚にしか決して出せない、最上の香りがある。その理想を体現した尊い一貫のために、漁師と寿司職人が命を削り技巧を凝らす。十数年にわたる研鑽の上にあるのが、『すし処 めくみ』の寿司だろう。全国の一流店でも珍重される、蟹やのどぐろ、寒鰤など能登の旬魚を浜で厳選し、獲れたその日のうちに別次元の味わいへと仕立てる。能登の海に足繁く通い、地元の魚を熟知する店主・山口尚亨氏は、「この先10年の魚は、もう海にいない」と憂う。この時、この地、この人にしか生み出せない寿司を味わいたいなら、いますぐにでも訪れるべきだ。

成生
Naruse

. . . .

GENRE
天ぷら

NEAREST STATION
静岡県・新静岡

. . . .

「天ぷらはシンプルだが最高の調理法」と語る『成生』の店主・志村剛生氏。揚げたてを頬張った瞬間、その言葉の意味を深く実感する。魚も野菜も生で食す以上に、個々の素材が持つ本来の旨み、甘み、香り、食感、全てが際立つのだ。磨き抜いた天ぷら職人の技もさることながら、「ここは静岡の食を楽しんでもらう場所」という志村氏の言葉通り、焼津港で仕入れた魚や、その日の午前中に集めた地元農家の野菜は、それらのおいしさと豊富さに驚く。神聖な趣が漂う静岡浅間神社に隣接する店で、室町時代から続く庭園を見渡しながら、極上のひとときを堪能したい。

今回、諸事情によりご紹介のできなかったGOLDは以下の6店です。

赤坂らいもん ｜ Raimon

焼肉・肉料理／東京

飯田 ｜ Iida

日本料理／京都

さわ田 ｜ Sawada

寿司／東京

日本料理 晴山 ｜ SEIZAN

日本料理／東京

松川 ｜ Matsukawa

日本料理／東京

三谷 ｜ Mitani

寿司／東京

一生に一度は味わっておきたい、
匠の技に出会えるお店

Silver 100 Award Winners

TEXT: CHIKAKO KAWAMOTO / NATSUKI SHIGIHARA

025 | 日本料理 たかむら

ニホンリョウリ タカムラ

★ ★ ★ ★ ☆ 4.49

GENRE
日本料理

NEAREST STATION
秋田県・秋田

📞018-866-8288
秋田県秋田市大町1-7-31
🌓 ￥15,000〜￥19,999

店主の髙村宏樹氏は、今はなき目白『太古八』で弱冠24歳にして板長を務めた、江戸料理継承者。地場を意識しつつ選び抜いた素材を使い、江戸料理に自身の感性を融合した唯一無二のスタイルで料理へと昇華する。緻密に計算した味わい、客との対話などを含めたすべての体験が訪れる人を心酔させ、全国から食通が集まる。予約会員制。

グルメマニア男2020／いやー変化球と言い、大将の軽快なトークといい、おもてなしと言い全てがパーフェクト！お料理も大将のこだわりが随所に感じられます。

026 | 樋山

ヒヤマ

★ ★ ★ ★ ☆ 4.15

GENRE
日本料理

NEAREST STATION
埼玉県・東川口

📞048-296-6450
埼玉県川口市東川口2-6-8
🌓 ￥50,000〜￥59,999

6月下旬から11月末くらいまでの松茸の時期は、長野や岩手など松茸の名産地から最高級松茸を直接買い付け。国産松茸の数％が集まると言われ、名だたる料亭や問屋にも松茸を卸す知る人ぞ知る店。採れたてのみを扱っているため、松茸本来の香りと旨みを堪能できる。松茸以外にも天然の海うなぎ、とらふぐ、松葉ガニなど名物が目白押しだ。

オールバックGOGOGO／まさに松茸商社、日本中から最高級松茸が大集結しています。しかも採れたての松茸の香りは、他とか比較になりません。

027 神楽坂 石かわ

カグラザカ イシカワ

★★★★☆ 4.38

GENRE
日本料理

NEAREST STATION
東京都・牛込神楽坂

📞050-3138-5225
東京都新宿区神楽坂5-37 高村ビル1F
💰¥40,000〜¥49,999
🕐¥40,000〜¥49,999

毘沙門天善国寺の裏手に店を構える、まさに隠れ家のような店は、2009年より連続14年、ミシュラン3つ星を獲得。旬の活かし方を知り尽くした主人の技によって素材の輪郭を際立たせた四季折々の料理は、食材と真剣に向き合った者だけが辿り着ける境地と言えるだろう。万難を排してでも一度は訪れたい名店だ。

セルジ／奇をてらわず、純粋においしさだけでここまで感動させるってすごい。はんぱない実力＆オーラに完全にノックアウト。

028 虎白

コハク

★★★★☆ 4.38

GENRE
日本料理

NEAREST STATION
東京都・飯田橋

📞050-3138-5225
東京都新宿区神楽坂3-4
💰¥40,000〜¥49,999
🕐¥40,000〜¥49,999

キャビア、フォアグラ、トリュフ。日本料理では珍しい食材を当たり前に使い、日本料理の可能性を拡大。華美さや視覚に媚びず、素材の本質を捉える独創的な和食を提供する。2016年から連続でミシュラン3つ星を獲得しているのも納得だ。瀟洒な佇まいに仄かな温もりが感じられる和の空間で、訪れる度に異なる感動の食体験が待っている。

island2020／個性の強いトリュフやキャビアなどの洋の素材を繊細な和の料理に取り込み、負ける事なくバランスを取り完成された一皿にする虎白さんの凄み。

029 | まき村
マキムラ

★ ★ ★ ★ ☆ 4.44

GENRE
日本料理

NEAREST STATION
東京都・大森海岸

📞03-3768-6388
東京都品川区南大井3-11-5
MAKIMURA BLD 1F
🌐¥30,000〜¥39,999

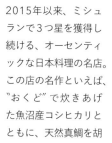

2015年以来、ミシュランで3つ星を獲得し続ける、オーセンティックな日本料理の名店。この店の名作といえば、"おくど"で炊きあげた魚沼産コシヒカリとともに、天然真鯛を胡麻だれで絡めて提供される「鯛茶漬」。まずは刺身とごはんで味わい、その後、熱々の昆布出汁をかけて。余熱で変化していく鯛の奥深い旨みを堪能できる逸品だ。

うめけん1002／大将の牧村さんがとても温厚な方でまるで家にいるかのような心地よさで美味しい料理を楽しむ事ができます

---

030 | 山﨑
ヤマザキ

★ ★ ★ ★ ☆ 4.37

GENRE
日本料理

NEAREST STATION
東京都・乃木坂

📞03-6812-9848
東京都港区西麻布1-15-3
西麻布UOUビル 1F
🌐¥40,000〜¥49,999

若き実力派料理人・山崎志朗氏が手がける料理は、伝統的な日本料理を基軸としながらも、枠に囚われない自由さが魅力だ。スペシャリテはすっぽんの炭火焼きや、季節の土鍋ごはん。フレンチやスパニッシュでの修業経験があるほか、ソムリエの資格を有しており、厳選した美酒でその独自の世界に彩りを添えている。

ぺぴどん／一つ一つが食材の良いところを切り取ったように繊細で綺麗で、それでいて凛とした力強い美味しさ。悶絶する美味しさでした。

031 | 日本料理 柚木元
ニホンリョウリ ユキモト

★★★★☆ **4.48**

GENRE
日本料理

NEAREST STATION
長野県・飯田

📞0265-23-5210
長野県飯田市東和町2-43-1
◉ ￥30,000〜￥39,999
🕐 ￥30,000〜￥39,999

長野を代表する日本料理の名店『柚木元』。名だたる料理人を多く輩出する滋賀の名店にて修業を積んだ店主・萩原貴幸氏による、信州の天然食材を使った伝統的な日本料理を味わえる。春は独活などの山菜や筍、夏は鮎をはじめとする川魚、秋には香り高い松茸、そして冬には熊や猪を用いたジビエ料理など、五感で旬を堪能したい。

7070JAZZ／最上級の郷土料理を創作するご主人の繊細な感性と、匠の技を駆使して最良の食材をさらにグレードアップさせる技量には驚かされる。

032 | 比良山荘
ヒラサンソウ

★★★★☆ **4.49**

GENRE
日本料理

AREA
滋賀県・大津市

📞077-599-2058
滋賀県大津市葛川坊村町94
◉ ￥30,000〜￥39,999
🕐 ￥40,000〜￥49,999

琵琶湖西岸から急峻に山肌せり上がる比良山系。その峰々の峠を東に超え、野生が息吹く里山に佇む料亭『比良山荘』。比良の山の恵みを清らかに凝縮した料理の中でも冬の月鍋は、熊という言葉のイメージとは真逆の繊細美味な味わい。三代目となる主人・伊藤剛治氏が約30年、猟師と意見を戦わせ、完璧な猟法を研いてきた歴史の賜物だ。

東行晋作／今夜の熊肉は、地元の猟師が獲ったツキノワグマ。上質な熊肉は薔薇の花びらのように美しく、獣臭も全くない究極な美味さがある。

033 | 木山
キヤマ

★★★★☆ 4.46

GENRE
日本料理

NEAREST STATION
京都府・丸太町

📞075-256-4460
京都府京都市中京区堺町通竹屋町下ル
西側絹屋町136 ヴェルドール御所1F
🍴￥14,520〜
🕐￥30,250〜

『木山』で多くの客が楽しみにするのが、カウンターでの出汁取りライブ。披露する店主・木山義朗氏は『和久傳』に長年勤め、素材を最大限に活かす料理や洗練のもてなしを修得。自店に沸く井戸水、鰹節、昆布を使った煮物椀がコースのメインディッシュ。店主好みの時代物、骨董の器を惜しみなく使った料理も目を楽しませる。

百川 茂左衛門／和食の基本である水と出汁にこだわったり、季節の食材や薬味にもこだわる一方、ここでしか食べられない独創性のある料理も出てくるのが面白いところ。

---

034 | 京天神 野口
キョウテンジン ノグチ

★★★★☆ 4.42

GENRE
日本料理

NEAREST STATION
京都府・北野白梅町

📞075-276-1630
京都府京都市上京区天神道上ノ下
立売上ル北町573−11
🕐￥20,000〜￥29,999

日本料理の名店『高台寺 和久傳』などで研鑽を積んできた野口大介氏が店主を務める、食通も憧れの割烹料理店。坪庭を望む和風建築の佇まいや美しい器の数々。そして、季節の移ろいを感じさせる食材に、繊細ながら、時に大胆な技と趣向を凝らした料理。これらが織り成す、野口流の温かなもてなしで、未知なる美食の世界へと誘う。

S.Y Nのグルメ日記／ホスピタリティ溢れる明るく丁寧な接客と、京都らしい和の雰囲気も印象的で、食事以外の面も最高級の素晴らしいお店です。

035 | 草喰 なかひがし

ソウジキ ナカヒガシ

★★★★☆ 4.41

GENRE
日本料理

NEAREST STATION
京都府・元田中

📞075-752-3500
京都府京都市左京区浄土寺石橋町32-3
◉¥10,000〜¥14,999
🌙¥20,000〜¥29,999

店主の中東久雄氏が、毎朝自ら野山へ分け入り収穫した食材で、四季折々の日本料理を供する唯一無二の店。京の山野草や旬野菜を使った八寸にはじまり、滋味溢れる椀物、丁寧な仕事で素材を引き出す焼き物、メインディッシュの炭火で炙っためざしに〝おくどさん〟で炊いたごはんまで、食の根源を想起させる体験がここにはある。

y.kiwi／季節毎の草喰みが主の唯一無二のお店であり、それでいてお椀や炊き合わせも、あぁほっこりの主役級。

036 | 富小路 やま岸

トミノコウジ ヤマギシ

★★★★☆ 4.53

GENRE
日本料理

NEAREST STATION
京都府・京都河原町

📞075-708-7865
京都府京都市中京区富小路通六角下ル
骨屋之町560
🌙¥40,000〜¥49,999

2015年オープン。築130年以上の長屋を改築し、茶室をイメージしたという空間に思わず背筋が伸びる。茶道や華道、書道にも精通しているという店主の山岸隆博氏は、様々な〝おもてなし〟で訪れる人の五感を刺激。京料理の伝統を守りながらも、季節の移ろいを京都ならではの食材や、歳時記とともに楽しませてくれる。

♡みぃみの365日♡／手間ひまかけて完成するお料理が超美味しいのは言うまでもなく、見た目にも京都の季節感や風情を表現する工夫が成されています。

037 にくの匠 三芳

ニクノタクミ ミヨシ

★★★★☆ 4.44

GENRE
日本料理

NEAREST STATION
京都府・祇園四条

📞075-561-2508
京都府京都市東山区祇園町南側570-15
🌐￥40,000～￥49,999

風情溢れる京都・祇園の肉割烹でいただけるのは和牛尽くしの懐石料理。牛タンの昆布〆や但馬牛のコンソメなど、前菜からデザートに至るまで、趣向を凝らした創作料理はどれも逸品揃いだ。メインディッシュはもちろん、極上のステーキ。とにかく旨い肉を食べるならこの店で、と決めている人も多い名店である。

みつごとうさん／高級素材をただ使えばよいという姿勢ではなくここでこう使えばこのように料理が生きる、というテクニックを存分に見せて頂きました。

038 未在

ミザイ

★★★★☆ 4.43

GENRE
日本料理

NEAREST STATION
京都府・東山

📞075-551-3310
京都府京都市東山区八坂鳥居前東入ル
円山町613 円山公園
🌐￥66,000～

店を構えるのは京都の名所、円山公園の一角。数寄屋造りの建物を活かした空間の随所に季節の移ろいが表現され、訪れる人の目を楽しませる。料理はその日のために選び抜かれた食材を盛り込んだ未在流の茶懐石。すべての皿を最高のタイミングで味わってもらいたいからと、1日1回、18時からの一斉スタートにこだわる。

たちばな ななみ／高級食材を惜しみなく使い、究極とはなんぞや、を体現するかのようなお料理でした。いやー、満足☆

039 | 本湖月
ホンコゲツ

★★★★★ 4.55

GENRE
日本料理

NEAREST STATION
大阪府・大阪難波

📞06-6211-0201
大阪府大阪市中央区道頓堀1-7-11
🕐￥40,000〜￥49,999

店主・穴見秀生氏による10余品からなるコースは、一品一品熟考された独自の料理哲学と美意識が結実している。大阪や近郊を中心とする日本の食材だけを選び抜いて用い、歴史ある器に盛り、それを宝物のように尊重しながらメッセージやストーリーを込める。氏の枯淡にして格調高い所作から生まれる日本料理はどれも、繊細で奥深い。

*マッサー/鱧、鮎、鰻等々、とにかくこれ以上でもこれ以下でもダメな仕立て、味付けをされていてどの品が良かったと選べないほどの全体の完成度でした！

---

040 | 米増
ヨネマス

★★★★☆ 4.34

GENRE
日本料理

NEAREST STATION
大阪府・福島

📞06-6345-1107
大阪府大阪市北区大淀南1-9-16
山彦ビル1F
🕐￥18,000〜￥19,999

2016年のオープン時から連続でミシュラン1つ星獲得。四季折々の厳選素材を使用し、組み合わせや調理法などに独自のテイストも加える日本料理を提供している。絶妙な塩梅と加減で最後まで飽きさせない料理はもちろん、こだわりの器も必見だ。檜の一枚カウンター、さりげなく歳時を取り入れた店内、温もりある接客も心地よい。

ヴェイダー/大将が繰り出すシンプルながらも下拵えには相当の時間を費やされるお料理は非常に綺麗な味わい！その上でこのCPは信じられません!!

041 | 料理屋 植むら

リョウリヤ ウエムラ

★★★★☆ 4.41

GENRE
日本料理

NEAREST STATION
兵庫県・三宮

📞078-221-0631
兵庫県神戸市中央区中山手通1-24-14
ペンシルビル4F
◉￥30,000～￥49,999
🌙￥30,000～￥49,999

店内の設え、選び抜いた器など、店主・植村良輔氏の世界観を凝縮した空間。産地に赴き生産者と交流し厳選した、ここでしか味わえない食材が揃う。素材の持ち味を分析し、それを活かす最適解を導き出し、料理として再構築する多彩なアイデアや工夫。日本料理の伝統を踏襲しながら、新たな技法を取り入れた和食を楽しめる。完全予約制。

脂は苦手／大好きな食材を堪能させていただきました。盛り付けた器もどれも綺麗で美しく、見た目にも大変楽しむことが出来ました。

042 | 美加登家

ミカドヤ

★★★★☆ 4.36

GENRE
日本料理

NEAREST STATION
島根県・日原

📞0856-74-0341
島根県鹿足郡津和野町日原221-2
◉￥15,000～￥20,000
🌙￥15,000～￥20,000

元は旅館だった建物を活かした割烹は風格漂う佇まい。館内には意匠を凝らした欄間や建具、電話室なども現存している。こちらで味わえるのは、日本一の清流と名高い高津川で育った天然鮎やすっぽんをはじめとする自然の恵み。中でも例年6月から禁漁まで提供される天然鮎尽くしのコースには毎年訪れるファンが多い。

トモサク／山間の中にあって実は食材が豊かなんだな、と気付かされる。それを老舗の技で調理し、老舗のホスピタリティで楽しませてくれる素晴らしいお店。

043 | 馳走 啐啄一十

チソウ ソッタクイト

★★★★★ 4.40

GENRE
日本料理

NEAREST STATION
広島県・中電前

📞082-249-0957
広島県広島市中区富士見町5-1
随木ビル1F
🌑￥20,000〜￥29,999

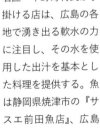

名匠・平野寿将氏が手掛ける店は、広島の各地で湧き出る軟水の力に注目し、その水を使用した出汁を基本とした料理を提供する。魚は静岡県焼津市の『サスエ前田魚店』、広島県広島市の『吉文』よりこの店のために仕立て上げたものを用意している。料理に合わせ女将が選ぶ美酒とともに、数々の"馳走"をいただける。

グルメマニア男2020／出汁と熟成魚にこだわっており、平野大将の軽快なトークと女将さん達の素晴らしいおもてなしで素敵な時間を過ごすことができました。

---

044 | 虎屋 壺中庵

トラヤ コチュウアン

★★★★★ 4.31

GENRE
日本料理

AREA
徳島県・佐那河内村

📞088-679-2305
徳島県名東郡佐那河内村上字井開1
◉￥15,000〜￥19,999
🌑￥15,000〜￥19,999

自然豊かな阿波の国・徳島の、吉野川水系・園瀬川沿いに佇む『虎屋 壺中庵』。春は竹の子、夏は鮎・鰻、秋はキノコ、冬はジビエといった四季折々の味わいの中、店主・岩本光治氏自ら釣った魚が饗されることも。徳島の風土の中で育ち、その命を磨かれた食材は、シンプルで研ぎ澄まされた"出汁"によって滋味深き一品へと昇華する。

yuyuyu0147／派手さはありませんが、慈悲深く、研ぎ澄まされた中にわびさびを感じるようなお料理が印象的でした。

045 | 鮨 一幸
スシ イッコウ

★★★★★ 4.56

GENRE
寿司

NEAREST STATION
北海道・西4丁目

📞011-200-1144
北海道札幌市中央区南2条西5-31-4
SCALETTE 2F
🕐￥30,000〜

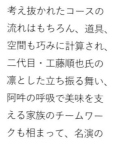

考え抜かれたコースの流れはもちろん、道具、空間も巧みに計算され、二代目・工藤順也氏の凛とした立ち振る舞い、阿吽の呼吸で美味を支える家族のチームワークも相まって、名演の舞台を鑑賞したような余韻に包まれる寿司の名店。5月の蝦蛄や7月の鮎、8月の水貝など、工夫が凝らされた他では味わえない季節のスペシャリティも絶品。

K-dice／圧巻のお鮨でした！感動です！つまみはシンプルなものばかりなのですが素材と仕事が素晴らしいため美味しさが尋常でないレベルに引き上げられております！

---

046 | 鮨 猪股
スシ イノマタ

★★★★★ 4.39

GENRE
寿司

NEAREST STATION
埼玉県・川口元郷

📞048-211-4175
埼玉県川口市幸町1-12-23
サンリーブ幸町コートハウスB1F 002
🕐￥30,000〜￥39,999

とりわけ目利きに定評のある『鮨 猪股』。店主の猪股健史氏は、魚は季節、場所、天候や海の状況はもちろん、漁師など魚を扱うすべての人の丁寧な仕事が味に影響すると考え、全国の港巡りを定期的に続け、自分が旨いと納得する味を求め、提供する。握りもののみ、おまかせコース1種類、一斉スタートで、店は完全予約制。

最後は塩むすび／大将の容姿とは裏腹に、繊細な握り、高い食材の知識で飽きさせることのないトークや、女将さんのお気遣いは素晴らしいと思いました。

047 | すし 㐂邑

スシ キムラ

★★★★☆ 4.44

GENRE
寿司

NEAREST STATION
東京都・二子玉川

📞03-3707-6355
東京都世田谷区玉川 3-21-8
◎¥30,000〜¥39,999
🕐¥30,000〜¥39,999

魚を寝かせることで旨みを増幅させる「熟成寿司」は、これまでの寿司に対する概念を覆す、唯一無二の味わい。1週間から長いものでは数ヵ月間かけてじっくりと寝かせるという。中でも、新鮮なままでは分かりづらい白身や光り物などのふくよかな旨みは圧巻。ネタとの調和を考えシャリは硬めに仕上げ、赤酢でバランスを取る。

nao...／魔法のような熟成をかけられた種は香り・甘味・旨味が跳ね上がり、酸が立った固めのシャリととてもよく合い、そこから生まれる相乗効果の旨味が凄い。

---

048 | 鮨 鈴木

スシ スズキ

★★★★☆ 4.28

GENRE
寿司

NEAREST STATION
東京都・銀座

📞03-5537-6868
東京都中央区銀座 6-5-15
銀座能楽堂ビル 5F
◎¥15,000〜¥19,999
🕐¥40,000〜¥49,999

鮨の老舗が集う銀座の、とあるビルの一角に暖簾を掲げる『鮨 鈴木』。和の薫り漂う清々しい空間で愉しめるのは、名店で長年磨き続けてきた経験を昇華させた一貫。丹念な江戸前の仕事によって個性が引き出されたネタと、独自配合の赤酢で仕上げた口当たりがマイルドなシャリを合わせれば、口にした瞬間に感じる見事な調和性に驚くことだろう。

すっちゃら／本当にいつも期待を裏切らない美しい握りに美味しいネタに間違いないシャリ。ブレない握りはいつ来ても噛んだだけで幸せになれる。

049 | すし匠
スシショウ

★★★★☆ 4.36

GENRE
寿司

NEAREST STATION
東京都・四ツ谷

📞03-3351-6387
東京都新宿区四谷1-11 陽臨堂ビル1F
◉￥2,000〜￥2,999
🕐￥30,000〜￥39,999

活気あふれる白木カウンターでこれまで多くの客を唸らせてきた、江戸前寿司の名店。現在は、先代である名将・中澤圭二氏の元で12年間修業した二代目の勝又啓太氏がつけ場に立つ。シャリの使い分け、巧みな熟成など、丁寧な仕事や技はさらに進化。最初から最後まで飽きさせることなく繰り広げられるつまみと握りの饗宴に酔いしれたい。

りりぃちゃん／想像していたよりもずっとアットホームな雰囲気で、大将もとても面白くて肩肘張らずにお鮨が食べられました。

050 | 鮨 尚充
スシ タカミツ

★★★★☆ 4.48

GENRE
寿司

NEAREST STATION
東京都・中目黒

📞03-3712-6999
東京都目黒区青葉台1-28-2 EXA 1F
🕐￥30,000〜￥39,999

店主は、新進気鋭の寿司職人として話題を集める安田尚充氏。全国から目利きした素材とその類稀なセンスに加え、爽やかな笑顔と巧みな話術でゲストの心を掴む。多くの人がこの店で味わい感動するのが、通年楽しめるというウニ。メインシーズンには北は北海道から南は九州まで、様々な産地のウニが並ぶ。

たけだプレジール／これだけ待ってもまた来たいと思える数少ない寿司屋。接客、味、コスパ全てにおいて最高レベル。一緒に初来店したグルメ仲間も絶賛してました。

051 鮨 龍次郎

スシ リュウジロウ

★★★★☆ 4.30

GENRE
寿司

NEAREST STATION
東京都・外苑前

📞03-6384-5865
東京都港区南青山2-11-11
ARISTO南青山1F
🍴¥15,000〜¥19,999
🕐¥30,000〜¥39,999

店主・中村龍次郎氏は青山『海味』で名人・長野充靖氏の薫陶を受けた愛弟子。師亡き後、2代目として4年間に亘り暖簾を守り、2019年に独立した。木曾檜のカウンターは高級感に満ちるが、「まずは一貫、握らせてください！」とおまかせコースは鮪から始める氏の快活ながらも気遣い溢れる接客に、柔らかな空気が醸される。

コスモス007／春・夏・秋・冬を一通り。季節感がありながら、ツマミはその都度趣きを変え被りがないですね。日々、研鑽されていらっしゃるのでしょう。

052 島津

シマヅ

★★★★☆ 4.25

GENRE
寿司

NEAREST STATION
東京都・白金高輪

📞非公開
東京都港区白金1-29-13
白金ヴィレッジ1F
🕐¥30,000〜¥39,999

目黒の人気鮨店『りんだ』の姉妹店『らんまる』を都内屈指の人気店へと押し上げた島津千周氏が、2020年11月に独立・開店した『島津』。開店当初から話題をさらい、今なお都内屈指の予約困難店。丁寧な仕事と技によって供されるおまかせコースは、つまみから握りまで一品一品の完成度が高く、絶品。店内はカウンター8席、完全予約制。

虎太郎がゆく／型の美しさ、酢飯の味、にぎりのバランスともに本当に素晴らしい。つまみも少しずつ親方の色が出てきていい感じ。

053 ｜ 青空

ハルタカ

★★★★☆ 4.30

GENRE
寿司

NEAREST STATION
東京都・銀座

📞03-3573-1144
東京都中央区銀座 8 - 3 - 1
銀座時傳ビル 6F
🕐¥ 40,000～¥ 49,999

店主は、札幌『すし善』、銀座『すきやばし次郎』と名店で研鑽を積み、2006年に33歳の若さで独立。名実ともに銀座の寿司店を代表する一軒だ。魚の旬や食べ頃を的確に捉えた美しい握りは、やや硬めで酸のある酢飯と旨みをたたえたネタとの相性が抜群。ひと手間かけた酒肴も多く、日本酒やワインと一緒に楽しめる。

yoshimurakei／店内は流石、名店たる所以を感じる落ち着きと凛とした空気感が！行き届いたホスピタリティも素晴らしいですね。

---

054 ｜ 鮨 十兵衛

スシ ジュウベイ

★★★★☆ 4.40

GENRE
寿司

NEAREST STATION
福井県・日華化学前

📞0776-24-3080
福井県福井市文京 5-17-5
🕐¥ 10,000～¥ 15,000
🕐¥ 20,000～¥ 25,000

札幌での修業を経た若き二代目が暖簾を守る創業40余年の寿司店。"旨い"へのこだわりを体現すべく、直接浜を訪れて目利きする地魚はもちろん、北海道や豊洲など日本全国からその時期最高の魚介をセレクト。奈良檜の一枚板カウンターやコレクションされた器も含め、洗練されたシンプルさが心憎い名店だ。

中目のやっこさん／十兵衛さんがここまで多くの人を惹きつける理由。それは大将 塚田氏の所作。真剣に料理を提供する姿勢が素晴らしく、その熱意に引き込まれていきます。

055 | あま木
アマキ

★★★★☆ 4.25

GENRE
寿司

NEAREST STATION
愛知県・久屋大通

📞 非公開
愛知県名古屋市中区丸の内 3-16-2
第22プロスパー丸の内 1F
🕐 ￥20,000〜￥29,999

日間賀島産のゆで蛸や師崎産の雲丹・鱧など、ネタとする魚介類の半数以上は店主の地元、三河湾産や伊勢湾産のものを、確かな目利きにより厳選使用。酢飯は赤酢と白酢の2種類を使い分け、自らの感性と共に食材に真摯に向き合い、学んだ技術に忠実に手間をかける。完全予約制、名古屋で予約の取れない名店として名を馳せる。

cats-99／大将のトークは物腰柔らかく、気配りも十分。つまみも握りも絶品で、唸る美味しさでした。

056 | きう

★★★★☆ 4.37

GENRE
寿司

NEAREST STATION
京都府・烏丸

📞 非公開
京都府京都市下京区神明町 230-2 2F
◉ ￥40,000〜￥49,999
🕐 ￥40,000〜￥49,999

完全紹介制、5〜6名の貸切利用のみで、京都の路地の2階に暖簾も掲げずに佇む。縁に恵まれなければ訪れることさえ叶わぬ店だが、店主・久田和男氏との邂逅を心待ちにする食通は多い。前例や常識に囚われず、ただおいしさのみを共通項とする料理と握り。その自由な世界観は、鮨屋という枠さえも飛び越え、人々を魅了し続けている。

東行晋作／50歳を機に京都に新たな店をオープンさせた久田さんの料理の世界観は素晴らしい。久田さんの優しい人柄と知見の豊富さで今夜も会話が弾んだ。

057 | 鮨 さかい
スシ サカイ

★★★★☆ 4.56

GENRE
寿司

NEAREST STATION
福岡県・中洲川端

📞092-726-6289
福岡県福岡市中央区西中洲3-20
LANE ラウンドビル2F
◎¥30,000〜¥39,999
🌙¥30,000〜¥39,999

『海味』で修業を積んだ実力派、堺大悟氏がオープンした『鮨 さかい』。伝統を守りつつ、枠に囚われない本格江戸前鮨が多くの美食家を虜にする名店。ネタの鮮度や上質なシャリはもちろん、流れるような所作に目を奪われる。次々と繰り出される品数の多さ。侘び寂びを感じる数寄屋造りの美空間で、珠玉の一貫をじっくりと味わいたい。

美味しい弁護士／握りはどれもこれも美味しかったです。ペアリングコースについても、一つ一つ丁寧にご説明頂き、どれも味わいがあります。

058 | 近松
チカマツ

★★★★☆ 4.54

GENRE
寿司

NEAREST STATION
福岡県・薬院大通

📞092-716-5855
福岡県福岡市中央区薬院2-6-19
◎¥15,000〜¥19,999
🌙¥22,000〜¥29,999

主人・坂西信浩氏によって独自の進化を続ける寿司の名店『近松』。シャリは穀物酢や赤酢を使ったキリっとした味わいで、寿司種も鮮度のよい魚に最高の手当てを施す〝東京風の博多前〟。その探求心の結晶が、烏賊を削るようにスライスした握り。刺身は断面が多いほど甘みが増すことに着目した唯一無二のスペシャリテだ。店は完全予約制。

drkck／坂西大将と息子さんと奥さんと。家族で営む店だからこそのチームワークの良さ、お仕事の丁寧さがある。今回も寸分の狂いもなくぱちっとハマってました。

059 ｜ くすのき

★★★★★ 4.35

GENRE
天ぷら

NEAREST STATION
東京都・四ツ谷

📞非公開
東京都新宿区四谷1-9-4
🕐¥60,000〜¥79,999

天ぷらをメインとする日本料理のコースでもてなす。天ぷら専門店では味わえない日本料理と、日本料理店では提供できない天ぷらが、ここでしか楽しめないおいしさを生む。味を付けるのではなく、素材本来の旨みを引き出すことを何よりも大切に揚げる天ぷらは、口にした瞬間に食材の旨みと香りがいっぱいに広がる。

amanekenama／コースは1つの食材を和食と天ぷらで食べる形、天ぷらを蒸しものと表現され衣の油をきり塩や醤油で味を整えて供されます

060 ｜ たきや

★★★★★ 4.50

GENRE
天ぷら

NEAREST STATION
東京都・麻布十番

📞03-6804-1732
東京都港区麻布十番2-8-6
ラペイユ麻生十番2F
🕐¥30,000〜¥39,999

店主の笠本辰明氏は『味吉兆』を経て『ザ・リッツ・カールトン東京』の日本料理店で総料理長を務めた人物。天ぷらの奥深さに魅了され、独立開店したのが『たきや』。類稀なる軽やかさで素材の香り、甘みが秀逸な車海老の天ぷらや、衣のクリスピーさと身の豊潤さが絶妙なバランスのキスなど、コースで提供される一品一品の完成度に驚く。

ぺぴどん／軽やかな衣に包まれて引き出された素材の旨さ、そして衣自体もまた食感や味わいの一部となり、一品一品の天ぷらを一つの料理として堪能させて頂きました。

061 日本橋 蕎ノ字

ニホンバシ ソノジ

★★★★☆ 4.24

GENRE
天ぷら

NEAREST STATION
東京都・人形町

📞03-5643-1566
東京都中央区日本橋人形町2-22-11
井上ビル1F
🍴¥25,000〜¥29,999
🕐¥25,000〜¥29,999

江戸前の本場、数多の名店が軒を連ねる人形町で店を構える『日本橋 蕎ノ字』。静岡の食材を中心に、匠の火入れで仕上げた天ぷらはふんわりと軽く、自然の恵みが口の中で優しく広がる。〆で供される蕎麦は、実家が蕎麦屋という店主自らが手打ちしたもの。清流のごとき喉ごしと鼻腔を抜ける薫りが、至福の美食体験に爽やかな余韻を残す。

藤崎まり子／勿論ですが全く胃もたれしない天ぷらで食材はご主人の出身の静岡県産に特化し特に人参やさつまいもの美味しさは感動、既存の野菜の天ぷらのイメージ崩壊です。

---

062 HAGI

ハギ

★★★★☆ 4.33

GENRE
フレンチ

NEAREST STATION
福島県・内郷

📞0246-26-5174
福島県いわき市内郷御台境町
鬼越171-10
🕐¥15,000〜¥19,999

地元いわきをはじめ、福島県の生産者から直接仕入れる選りすぐりの食材を使用。「巻き戻しのきかない"鮮度"という命を大切にしたい」と、水揚げされたばかりの魚、採れたての野菜を活かす調理を徹底。朝獲れのメヒカリを薪焼きにして、菊芋のピュレと発酵白菜をソース代わりに添えた逸品など、ここにしかない鮮烈な旨さを体験できる。

ペンギン案内人／食材の組み合わせやソースの完成度、そしてシェフやマダムの人柄。どれをとっても本当に素晴らしく、行くたびに改めてファンになってしまいます。

063 | ESqUISSE
エスキス

★★★★☆ 4.32

GENRE
フレンチ

NEAREST STATION
東京都・銀座

📞03-5537-5580
東京都中央区銀座5-4-6
ロイヤルクリスタル銀座9F
◎¥15,000〜¥25,000
🕐¥29,000〜¥35,000

「料理とは、人間によってのみ実現される包括的な芸術である」と語るリオネル・ベガ氏の手技を堪能できる東京を代表するグランメゾン。フランス語で〝素猫〟を意味する店名は、自由な感性を表す。フレンチに日本の食材と技法を融合、ハーブやスパイスを巧みに使い旬の食材に新たな命を吹き込む。シンプルでいて豊かな味わいが特徴だ。

グルメウォーカー時々旅行／唯一無二、独創的なものを頂きたい方には是非とも訪問されて欲しいお店‼他の料理店のご主人達も大絶賛のフレンチ‼

064 | 銀座 大石
ギンザ オオイシ

★★★★★ 4.33

GENRE
フレンチ

NEAREST STATION
東京都・銀座一丁目

📞03-6278-8183
東京都中央区銀座2-10-11
マロニエ通り銀座館2F
🕐¥30,000〜¥39,999

オーナーシェフの大石義壱氏は巨匠・北島素幸氏が率いる四谷『北島亭』で16年間務め上げた料理人。席はカウンターのみで、15品も登場するおまかせコースをすべて目の前で仕立てていく。クラシックな料理をつくり続けてきたことで見えてきた〝気づき〟も取り入れた料理は、氏こそが生み出せる唯一無二のフレンチとなっている。

island2020／旨い料理を腹いっぱい、楽しく食べてもらおうというシェフとスタッフの心意気が嬉しいお店。ここに来るとよう食べられる様になりますね＾＾

065 | COTE D'OR

コート ドール

★★★★☆ 4.18

GENRE
フレンチ

NEAREST STATION
東京都・白金高輪

☎03-3455-5145
東京都港区三田5-2-18 三田ハウス1F
◉ ¥7,000〜¥7,999
◑ ¥18,000〜¥29,999

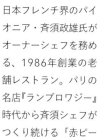

日本フレンチ界のパイオニア・斉須政雄氏がオーナーシェフを務める、1986年創業の老舗レストラン。パリの名店『ランブロワジー』時代から斉須シェフがつくり続ける「赤ピーマンのムース」は、不朽のスペシャリテとして今もなお愛される一品。濃厚で滑らかな口解けと、赤ピーマンの香りや甘み、トマトソースの酸味が絶妙に絡み合う。

食いだおれリーマン／接客の素晴らしさにとても感動しました。とにかく、客の些細なところも見逃さず、とても行き届いた最高のサービスでした。

---

066 | Chez Inno

シェ・イノ

★★★★☆ 4.21

GENRE
フレンチ

NEAREST STATION
東京都・京橋

☎03-3274-2020
東京都中央区京橋2-4-16
明治京橋ビル1F
◉ ¥8,800〜¥15,400
◑ ¥20,900〜¥26,400

日本のフランス料理界の歴史に名を残す老舗グランメゾン。長年に渡りスペシャリテとして愛され続けている「仔羊のパイ包み焼き"マリアカラス"風」は、故井上旭氏が作り上げた不朽の名作だ。仔羊やフォアグラなどの個性の強い食材を一つにまとめる香味豊かな味わいは、ソースが命とされる正統派フランス料理の醍醐味を巧みに表現する。

parisjunko／ソースの魅力を今に伝える、クラシカルフレンチの極み。グランドメゾン系の慇懃無礼さがなく、親しみが持てるサービス。

067 | Joël Robuchon
ガストロノミー ジョエル・ロブション

★★★★☆ 4.30

GENRE
フレンチ

NEAREST STATION
東京都・恵比寿

📞03-5424-1347／03-5424-1338
東京都目黒区三田1-13-1
恵比寿ガーデンプレイス
◉ ¥28,000〜¥39,999
🌙 ¥60,000〜¥79,999

世界のジョエル・ロブションの中でも最高峰のグランメゾン。フランスの古城を思わせる石造りの建物はバカラのシャンデリアや壁に埋められたクリスタルといった内装も美しく、旬の食材が散りばめられた料理は驚きの連続。ジョエル・ロブション氏が築き上げたモダンフレンチの集大成を堪能しよう。

parisjunko／誰もが思う「フランス料理を究め、国境も時間軸も超えて進化を続けたロブションさんならではの世界観が盛り込まれた唯一無二の場所」。

068 | Florilege
フロリレージュ

★★★★☆ 4.28

GENRE
フレンチ

NEAREST STATION
東京都・外苑前

📞03-6440-0878
東京都渋谷区神宮前2-5-4
SEIZAN外苑B1F
◉ ¥10,000〜¥29,999
🌙 ¥20,000〜¥29,999

© Pieter D'Hoop-8

名だたる名店で腕を磨いてきた実力派・川手寛康氏による気鋭のコンテンポラリー・フレンチ。食材は日本の旬を中心に、抹茶や山菜など日本ならではの食材も多用する。四季を投影する料理は視覚だけでなく、香りや触感、食べて記憶に残るものばかりだ。カウンター席中心で、日本ではまだ少ないカクテルペアリングも提供している。

KatsuKatsu／カウンターから川手シェフを含めて皆さんがキビキビと仕事をして、美しいお料理の数々ができる様子が見えるのがとっても楽しい!!

069 | Bon.nu

ボニュ

★ ★ ★ ★ ☆ 4.42

GENRE
フレンチ

NEAREST STATION
東京都・参宮橋

📞03-6300-5423
東京都渋谷区代々木 4-22-17
クイーンズ代々木 1F
◉¥50,000〜¥59,999
🌙¥50,000〜¥59,999

"美食の王様"として知られる来栖けい氏が、シンプル＋オリジナリティをコンセプトに掲げて開いたレストラン＆パティスリー。初めて訪れるなら、6時間かけて焼き上げる「ボニュ焼き」や、素材と水、塩のみを使い5分で仕上げるスープ「抽出」など、スペシャリテのみで構成されたスタンダードコースからどうぞ。

みっきー0141／美食への真摯な想いが誘う旨みの極致。余分なものを加えずシンプルに仕上げた鮮烈なる一皿を楽しめました。

070 | L'Effervescence

レフェルヴェソンス

★ ★ ★ ★ ☆ 4.54

GENRE
フレンチ

NEAREST STATION
東京都・表参道

📞03-5766-9500
東京都港区西麻布 2-26-4
◉¥40,000〜¥49,999
🌙¥40,000〜¥49,999

日本各地、四季折々の恵みと茶懐石を組み合わせたフレンチ。シェフ生江史伸氏は料理人の枠を超え、学術的な視点から農と食の持続的な関係性を見つめ伝えている。目の前で仕上げる料理やプレゼンテーションから生まれる会話は、人と自然との繋がりを感じさせる。ミシュランガイド東京にて3つ星とグリーンスターを獲得。

☆マギー☆／アップルパイ等の今までのテイストを脱却し、日本の食材や調味料を使い、ほぼ国産。色々と食べ歩きましたが、やっぱり行って良かった。

071 | ロオジエ

★★★★☆ 4.45

GENRE
フレンチ

NEAREST STATION
東京都・銀座

☎03-3571-6050／0120-156-051
東京都中央区銀座7-5-5
◉¥16,000〜¥19,999
🌙¥31,000〜¥39,999

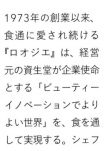

1973年の創業以来、食通に愛され続ける『ロオジエ』は、経営元の資生堂が企業使命とする「ビューティーイノベーションでよりよい世界」を、食を通して実現する。シェフのオリヴィエ・シェニョン氏が生み出す料理はもちろん、ソムリエも精鋭揃い。料理、サービス、空間のすべてが高水準で均衡を保つ、東京随一のグランメゾンだ。

JoeColombia／本当に特別感があって、お料理も飲み物もデザートも接客も家具も、そしてこんな素敵なランチで考えるとコスパも含めて、正に全てがFlawless！

---

072 | Reminiscence
レミニセンス

★★★★☆ 4.44

GENRE
フレンチ

NEAREST STATION
愛知県・伏見

☎052-228-8337
愛知県名古屋市中区栄2-15-16
コンフォート栄2F
◉¥14,850〜¥29,999
🌙¥20,000〜¥29,999

『Quintessence』や『HAJIME』など名だたるシェフに師事し研鑽を積んだ葛原将季氏が表現するのは、心地よい余韻と心温まる記憶が宿る料理。なかでも、鰻専門店での経験を活かしたスペシャリテ「鰻の白焼き 川セリ あおいちご」は身のフワフワ、皮目のパリパリの異なる食感が楽しい。200種類に及ぶワインとのマリアージュにも心躍る。

あーろんは岐阜の民／しっかりしたフレンチとして、味の複層的な構築をされていながらもバランス良く破綻しない。葛原シェフのセンスは素晴らしいですね。

073 | 余市 SAGRA
ヨイチサグラ

★★★★☆ 4.34

GENRE
イタリアン

NEAREST STATION
北海道・余市

📞0135-22-2800
北海道余市郡余市町登町987-2
◉ ￥6,000〜￥13,999
🌙 ￥15,000〜￥19,999

2017年に札幌から余市に移転し、宿泊施設を備えたレストラン（ロカンダ）として再出発。サグラとは収穫祭を意味し、その土地を誇りながら、食材への感謝を胸に営まれている。作家の器やインテリアに包まれた柔らかな空間で、近郊で得る旬の食材を用いた料理やワインをいただく時間は、ここでしか得られない至福だ。

辣油は飲み物／土地の食材をシェフが考える最適な表現で楽しませよう！という気概に満ちた素敵なお料理です。余市のワインとのペアリングも最高です！

074 | PRESENTE Sugi
プレゼンテ スギ

★★★★☆ 4.36

GENRE
イタリアン

NEAREST STATION
千葉県・佐倉

📞043-371-1069
千葉県佐倉市白銀2-3-6
◉ ￥10,000〜￥14,999
🌙 ￥10,000〜￥14,999

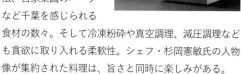

コースの幕開けを飾る「トマト飴」は、幼い頃に訪れた祭りのリンゴ飴から着想を得たという。真摯に学んだ正統派イタリア料理の技法、自家菜園のハーブなど千葉を感じられる食材の数々。そして冷凍粉砕や真空調理、減圧調理なども貪欲に取り入れる柔軟性。シェフ・杉岡憲敏氏の人物像が集約された料理は、旨さと同時に楽しみがある。

ろでーぬ／料理とお酒ですがシンプルに表現すると変態的だなと。まず珍しいという方向にパラメーターが振り切っている。

075 | TACUBO
タクボ

★★★★☆ 4.46

GENRE
イタリアン

NEAREST STATION
東京都・代官山

📞03-6455-3822
東京都渋谷区恵比寿西 2-13-16
ラングス代官山 1F
🕐 ¥ 20,000〜¥ 29,999

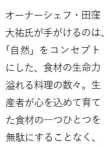

オーナーシェフ・田窪大祐氏が手がけるのは、「自然」をコンセプトにした、食材の生命力溢れる料理の数々。生産者が心を込めて育てた食材の一つひとつを無駄にすることなく、料理に仕立てることに命を懸ける。名物は、解放暖炉で仕上げる"薪焼き"。メインディッシュとして登場する、肉汁と旨みが凝縮された牛肉は必食だ。

みうっちょ／田窪シェフによる絶妙な火入れにより肉の中に旨味が詰まる赤身ステーキをウリとする魅惑のイタリアン、、

076 | Fogliolina della Porta Fortuna
フォリオリーナ・デッラ・ポルタ・フォルトゥーナ

★★★★☆ 4.49

GENRE
イタリアン

NEAREST STATION
長野県・中軽井沢

📞0267-41-0612
長野県北佐久郡軽井沢町長倉2147-689
◉ ¥ 40,000〜¥ 49,999
🕐 ¥ 40,000〜¥ 49,999

中目黒で多くの美食家を唸らせてきた伝説のリストランテが軽井沢へ移って、はや12年。木の温もり溢れる店内は居心地がよく、遠方からの客人が絶えない。オーナーシェフ・小林幸司氏は一日一組の特別なゲストのために、丹精込めてコースを構成。イタリアの名店で培った技と感性で仕上げられた皿はどれも鮮烈な味わいだ。

ぺぴどん／一つ一つの素材の調理に手間と時間を惜しまず作られる小林さんのイタリアンは、料理への情熱が乗り移ったかのようなパワーがあります。

077 | il AOYAMA

イル アオヤマ

★★★★☆ 4.40

GENRE
イタリアン

NEAREST STATION
愛知県・高岳

📞050-5488-0388
愛知県名古屋市東区泉2-8-7
🕐¥30,000〜¥39,999

2014年のオープン以来、名古屋で常に客が絶えない人気のイタリアン。その秘密は料理人である青山直之氏の美味へのこだわりの強さと、目的を遂行するまで諦めない粘り強さにある。旬の地物を中心に、国内外問わず産地や生産者にこだわった食材を求め、存分に活かしたイタリアンは、和の感性でつくり上げられた滋味深き味わいだ。

サンショウマン／料理のほうは食材も素晴らしくどれもこれもおいしかったです！1番印象に残っているのはリゾット、ポルチーニとトリュフですね！

078 | やまぐち

★★★★⯪ 4.51

GENRE
イタリアン

NEAREST STATION
京都府・祇園四条

📞075-708-7183
京都府京都市東山区祇園町南側570-185
🕐¥42,000〜

京都・祇園の一角にある、京町家を再生した空間。その至上の舞台で味わうのは、四季折々の食材を巧みに使い、和食とイタリアンを見事に融合させた独創性のある料理。オーナーシェフは、和食とイタリアンで腕を磨いた山口正氏だ。ゲストとの信頼関係を大切にしたいとの思いから"完全紹介制"というスタイルを守り続けている。

♡みぃみの365日♡シンプルでありながらも強烈に記憶に残る絶品料理。高級食材だから美味しいのではなく、山口シェフが作るから美味しい。

079 | **katecuore**

カテクオーレ

★★★★☆ 4.43

GENRE
イタリアン

NEAREST STATION
佐賀県・伊万里

📞0955-23-1110
佐賀県伊万里市立花3997-4
◉¥25,000〜
🕐¥25,000〜

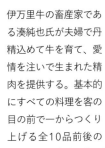

伊万里牛の畜産家である湊純也氏が夫婦で丹精込めて牛を育て、愛情を注いで生まれた精肉を提供する。基本的にすべての料理を客の目の前で一からつくり上げる全10品前後のコースは、牛肉と魚の料理を組み合わせて一皿に盛る独創性、牛肉料理と貝の出汁とのペアリングなど、世界を見渡しても唯一無二。1日4席限定の完全予約制。

トモサク／ご自身で畑を持ち、牧場も持たれ、地元・伊万里や唐津ほか九州の食材にこだわり組み立てられた料理はとにかくどれも丁寧に、手をかけている。

---

080 | **respiración**

レスピラシオン

★★★★☆ 4.30

GENRE
スペイン料理

NEAREST STATION
石川県・金沢

📞076-225-8681
石川県金沢市博労町67
◉¥20,000〜¥29,999
🕐¥20,000〜¥29,999

友人同士である梅達郎氏、北川悠介氏、八木恵介氏が、イタリアンや日本料理、バルセロナの星付きの店などを渡り歩いた末に結実させたモダンスパニッシュの名店。遠方からも美食家が求め訪れる料理は、一見、シンプル。しかし、カブ一つとっても糖度を上げる寝かし、火入れ法を変えたローストなど、科学的探究と手間が詰まっている。

東京ふらふら／サービスも気持ちよく、料理を丁寧に説明してくれる。素晴らしいレストラン。金沢を訪ねる理由の一つと言ってもいい。

081 | bb9
ベベック

★ ★ ★ ★ ☆ 4.39

GENRE
スペイン料理

NEAREST STATION
兵庫県・元町

📞078-331-6780
兵庫県神戸市中央区元町通3-14-5
◉¥20,000〜¥29,999
🌑¥20,000〜¥29,999

〝薪焼スパニッシュ〟として親しまれるレストラン。食事とは、生命をいただくこと。その根本に立ち返り、リスペクトを込めて一つひとつの食材に火を入れる。おまかせコースには海と山の幸が贅沢に盛り込まれ、生命を最大限に活かした料理は感動を呼ぶ。遠方から繰り返し足を運ぶファンも多い名店だ。

やっぱりモツが好き／フレンチのような料理を予想したのですが、それに反してシンプルな薪焼き料理ばかりという構成で意表を突かれました。

082 | SUGALABO
スガラボ

★ ★ ★ ★ ⯪ 4.58

GENRE
イノベーティブ・フュージョン

NEAREST STATION
東京都・神谷町

📞非公開
住所非公開
🌑¥50,000〜¥59,999

故ジョエル・ロブション氏のもと、16年にわたって世界中で研鑽を積んだ須賀洋介氏が開いたラボラトリー。長年培ってきたフレンチの技法に和のテイストが加えられた料理は、独創的かつ芸術的。画期的なオープンキッチンで「食を通じて日本と世界とをつなぐ」をコンセプトに繰り広げられる一夜限りのドラマを、ぜひ体感してほしい。

ぴーたんたん／紹介制フレンチSUGALABO。生涯通い続けたいレストランの1つ。当店に入店する時のドキドキ感は、何度経験しても無くなりません。

083 | τρεῖς
トレイス

★★★★☆ 4.34

GENRE
イノベーティブ・フュージョン

NEAREST STATION
東京都・広尾

📞非公開
住所非公開
🕐¥25,000〜

驚きと遊び心に満ちた料理の数々は、限定会員とその同伴者のみに許された美食の最前線。天然記念物の流れを汲む幻の和牛「見蘭牛」からロブスターの最高峰「オマールブルー」まで、世界から直送される素材を極めてシンプルに提供。調理を担うのは、伊・西・仏料理それぞれの名店で研鑽を積み、『Bon.nu』でシェフを務めた河島英明氏だ。

7070JAZZ／凡人には思いもつかないような新たな料理をマジックのように楽しく提示して頂き、病みつきになる。今夜もごちそうさまでした。

---

084 | NARISAWA
ナリサワ

★★★★☆ 4.27

GENRE
イノベーティブ・フュージョン

NEAREST STATION
東京都・青山一丁目

📞03-5785-0799
東京都港区南青山2-6-15
◉¥30,000〜¥39,999
🕐¥50,000〜¥59,999

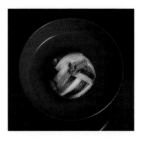

オーナーシェフの成澤由浩氏は世界からも注目を集める料理人の一人。日本の里山にある豊かな食文化と先人たちの知恵を表現した独自ジャンル〝イノベーティブ里山キュイジーヌ〟（革新的里山料理）を楽しませる。サスティナビリティとガストロノミーの融合をテーマに掲げた料理は、日本の素晴らしさを再認識させる。

☆マギー☆／里山キュイジーヌというテーマで一貫性のある料理。イノベーティブというジャンルであり、フランス料理のような濃厚な料理ではなく、和テイストが強め。

085 ｜ 長谷川 稔

ハセガワ ミノル

★★★★⯨ 4.50

GENRE
イノベーティブ・フュージョン

NEAREST STATION
東京都・広尾

☎03-6712-7762
東京都港区南麻布4-5-66
◉¥50,000〜¥59,999
🌙¥50,000〜¥59,999

独学で料理を学びながら、技術と感性を磨き上げた長谷川稔氏が腕を振るう。産地や生産者より直接仕入れる最高の食材を最上の状態で提供するべく、管理と火入れに細心の注意を払う。代表的な「金目鯛」は一度食べれば忘れられないおいしさ。2018年のオープンより話題を集め続け、最も予約が困難な店の一つに数えられる。

ミッキーマウスだよ／長谷川さんの料理は、一皿一皿のメイン食材のポーションが大きいです。良い食材の香りを口の中いっぱいに感じることができて、幸せでした。

---

086 ｜ **HAJIME**

ハジメ

★★★★☆ 4.22

GENRE
イノベーティブ・フュージョン

NEAREST STATION
大阪府・肥後橋

☎06-6447-6688
大阪府大阪市西区江戸堀1-9-11
アイプラス江戸堀1F
🌙¥60,000〜¥79,999

『世界を代表するシェフ100人』にも選出された米田肇氏が「本当に素晴らしいレストランをつくる」としてオープン。米田氏が持つ独自の世界観や哲学。その表出として、味も見た目も衝撃的ながら細部までこだわったコンセプトのある皿が次々とサーブされ、表現としての料理、芸術としての料理を体感することができる。

♡みぃみの365日♡／一皿一皿に世界観や哲学を込められるお店はそうそうない。壮大なテーマ地球と生命を掲げる米田肇シェフのお料理は、もはや食べる芸術。

087 Ca sento

カセント

★★★★☆ 4.40

GENRE
イノベーティブ・フュージョン

NEAREST STATION
兵庫県・県庁前

📞078-272-6882
兵庫県神戸市中央区中山手通4-16-14
🕐¥20,000〜¥29,999

オーナーシェフを務めるのはイタリアやスペインの名ガストロノミーで腕を磨いた福本伸也氏。素材が主役であるという考えから、品書きに記されているのは「お野菜」や「お肉」と食材名のみ。滋賀にある熟成肉の名門『サカエヤ』の牛肉や、高坂鶏農園の鶏肉、弓削牧場の乳製品など選び抜いた素材を巧みに使い、極上の皿に仕上げている。

具留目恥垢／味がバッチリはまっててどれもかなり美味い。特に鯵、金目鯛、真魚鰹、鳩、お米料理は強烈にうまかったです。

088 AKAI

アカイ

★★★★☆ 4.27

GENRE
イノベーティブ・フュージョン

NEAREST STATION
広島県・宮島口

📞070-2662-1329
広島県廿日市市宮島口4-3-41
◉¥16,500〜
🕐¥16,500〜

さまざまな経験を糧とし、自ら〝ノージャンル〟と称するに至った赤井顕治シェフの到達点は、「極めてシンプルで、しみじみおいしい」料理。一本のみに絞った10皿のコースでは、素材の滋味が引き出された粥からメインの肉料理に至るまで、いずれも素材の持ち味を活かすことに注力した、シンプルで染み渡るようなおいしさが押し寄せる。

ぺーぱーかんぱにー／素材を活かしたシンプルなお料理ですが、他で見かけることのない独創性に富んでいます。和でもあり洋でもある、まさにAKAI料理なるもの。

089 | pesceco

ペシコ

★★★★☆ 4.45

GENRE
イノベーティブ・フュージョン

NEAREST STATION
長崎県・島原

📞0957-73-9014
長崎県島原市新馬場町223-1
◉¥20,000〜¥29,999
🌙¥20,000〜¥29,999

2018年夏、海沿いの一軒家に移り、地元商店街のカジュアルレストランから唯一無二の里浜ガストロノミーとなった『pesceco』。食材の作り手の思いを受け取り、昇華させる井上稔浩氏の料理は、RED U-35や国際的なレストランガイド誌で注目され、「ここでしか食べられない料理」を求め国内外からゲストが訪れるようになっている。

うめけん1002／長崎の食材をこれでもかというくらい使われて、そしてその食材の組み合わせからは想像がつかない料理の数々。

---

090 | 中国飯店 富麗華

チュウゴクハンテン フレイカ

★★★★☆ 4.21

GENRE
中華料理

NEAREST STATION
東京都・麻布十番

📞03-5561-7788
東京都港区東麻布3-7-5
◉¥6,000〜¥7,999
🌙¥20,000〜¥29,999

創業40年余の歴史を誇り、東京都心に8店舗の系列店を展開する老舗中華料理店『中国飯店』の旗艦店。現地の一流料理人を招き、広東と上海のエッセンスが融合した繊細かつ洗練された味わいを提供する。焼物担当が香ばしく焼き上げる北京ダックはもちろん、秋に季節限定で楽しめる濃厚な旨味の上海蟹を目当てに訪れる客が後を絶たない。

どくだみちゃん／やっぱり北京ダックは皮がパリッパリで素晴らしい！量もそれなり、素材も良質なものを使われていてバランスも良く満足のいく内容でした。

091 | Furuta
フルタ

★★★★☆ 4.45

GENRE
中華料理

NEAREST STATION
東京都・新富町

📞03-3535-5550
東京都中央区銀座1-21-14
🕐￥90,000〜￥99,999

岐阜で中華の名店として名高い『開化亭』。その主である古田等氏が、贅沢食材をふんだんに使用した料理を提供する、8席のみのシェフズテーブル。地元岐阜から仕入れる鮮魚やジビエを使った料理をはじめ、松葉ガニなどの旬食材で仕立てる春巻きなど、上質な素材の持ち味を存分に引き出した、独自のチャイニーズが味わえる。

pateknautilus40／素材も良いものを使われており、それを十分に引き出した味になっているのは流石の一言です。とても楽しい一時を過ごす事が出来ました。

092 | イチリン ハナレ

★★★★☆ 4.39

GENRE
中華料理

NEAREST STATION
神奈川県・鎌倉

📞0467-84-7530
神奈川県鎌倉市扇ガ谷2-17-6
◉￥8,000〜￥15,000
🕐￥15,000〜￥20,000

築地『東京チャイニーズ一凛』の離れ（姉妹店）として2016年にオープン。赤坂『四川飯店』で研鑽を積んだ齋藤宏文氏が総料理長を務める。〝分解と再構築〟をコンセプトに作られる料理には、日本の四季と、自然が育んだ恵みが存分に盛り込まれる。古き良き日本家屋の趣ある空間も相まって、束の間日常から解き放ってくれる。

東行晋作／『イチリンハナレ』に来る為に鎌倉を訪れる。この店はそうさせてしまうだけの魅力がある。

093 ｜ 齋華
サイカ

★★★★☆ 4.38

GENRE
中華料理

NEAREST STATION
京都府・東福寺

📞非公開
京都府京都市東山区泉涌寺山内町35-3
🕐¥30,000〜¥39,999

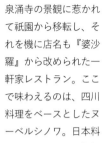

泉涌寺の景観に惹かれて祇園から移転し、それを機に店名も『婆沙羅』から改められた一軒家レストラン。ここで味わえるのは、四川料理をベースとしたヌーベルシノワ。日本料理のエッセンスも加わった料理は力強くも優しい味わいで、京都中華の代表格との呼び声も高い。メニューはおまかせコースのみ。完全紹介制。

イズミール／奇を衒うことなく広東の基礎を忠実に、その上でシェフのオリジナリティもきちんと表現されたそんなお料理。

094 ｜ にしぶち飯店
ニシブチハンテン

★★★★☆ 4.46

GENRE
中華料理

NEAREST STATION
京都府・祇園四条

📞075-561-1650
京都府京都市東山区上弁天町444-2
🕐¥20,000〜¥29,999

八坂神社からほど近い路地にある一軒家チャイニーズ。店主の西淵健太郎氏は、和食の名店『祇園 さゝ木』でも修業。中国料理に軸足を置きながら和食の繊細さや京都のエッセンスを巧みに融合させた料理の数々は、素材の滋味を感じられる優しい味わい。京町屋の情緒溢れる雰囲気や、カウンター越しのコミュニケーションも楽しい一軒。

しぶちゃん(๑´ᴗ`๑)／アットホームな雰囲気。西淵さんのお人柄も素敵で、いい意味で緊張感なく、京風と言われる絶品中華を堪能できました。

095 | 仁修樓
ニンシュウロウ

★★★★☆ 4.37

GENRE
中華料理

NEAREST STATION
京都府・北大路

📞075-366-8843
京都府京都市北区紫竹北栗栖町2-12
🌑￥20,000〜￥29,999

「伝統的な料理の制度と完成度をいかに高めるか」、そんな心情で料理を向き合う上岡誠シェフ。名門ホテルや本場香港での経験を武器に、京都の美食シーンを昇華。蒸し鮑と干し鮑を見事な陰陽模様のソースで供する名物「鮑の対局仕立て」からフカヒレ姿煮、カウンター前で丸焼きにする子豚まで、豪快でありながら精密な完成度の料理が揃う。

meguです！！／フカヒレスープやデザートまで全てに手間暇かけて最高の一品を提供してくる。楽しさと美味しさが混じり合いすぎて幸せ。五感全てを満たしてくれる中華料理。

---

096 | かに吉
カニヨシ

★★★★☆ 4.42

GENRE
魚介料理・海鮮料理

NEAREST STATION
鳥取県・鳥取

📞0857-22-7738
鳥取県鳥取市末広温泉町271
◎￥30,000〜
🌑￥30,000〜
※冬(11月〜3月)は昼・夜ともに
￥80,000〜

極上の蟹料理を求めて、世界中からゲストが訪れる1963年創業の松葉ガニ専門店。兵庫・浜坂漁港の仲買を代々つとめてきた店主自らが毎朝競り落とす松葉ガニを、その日のうちに最高の状態で楽しませてくれる。蟹料理は11月〜3月限定。4月〜10月は、蟹以外の夏の海の幸を味わえる『なつ吉』として営業。

みっきー0141／地元で水揚げされた山陰地方の魚介類を山陰浜坂漁港で仲介人をしている山田達也氏が目利きで選んだものを提供してくれます！

097 | 蕃 YORONIKU

エビス ヨロニク

★ ★ ★ ★ ☆ 4.38

GENRE
焼肉・肉料理

NEAREST STATION
東京都・恵比寿

📞03-3440-4629
東京都渋谷区恵比寿 1-11-5
GEMS恵比寿 8F
🌐￥10,000〜￥14,999

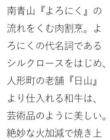

南青山『よろにく』の流れをくむ肉割烹。よろにくの代名詞であるシルクロースをはじめ、人形町の老舗『日山』より仕入れる和牛は、芸術品のように美しい。絶妙な火加減で焼き上げる肉はもちろん、ユッケや白センマイからなる「冷製盛り合せ」や、締めくくりのかき氷に至るまで、気合の入った皿でもてなしてくれる。

IKKO'S FILMS／いい肉も焼き手によって味は如何様にも変化する。まさにそのことを証明してくれた店ではなかろうか。焼肉とは本当に奥が深い。

---

098 | スタミナ苑

スタミナエン

★ ★ ★ ★ ☆ 4.26

GENRE
焼肉・肉料理

NEAREST STATION
東京都・西新井大師西

📞03-3897-0416
東京都足立区鹿浜 3-13-4
🌐￥6,000〜￥7,999

予約は受け付けておらず、交通の便が良いとは言えない立地ながら、開店を待つ長蛇の列ができる。正肉は月齢36カ月以上のA5の処女牛のみを使い、双璧をなす内臓系は1967年の創業以来、長い年月を掛け築き上げた専門業者から届く最上級の素材。それを閉店後の深夜から、時間を掛けて緻密な下拵えを施し、極上の味へと昇華させている。

ジャッキー社長／ホルモンは肉質はもちろんの事、丁寧な下処理に加え隠し包丁が入れてあり、食感含めてとても美味しかったです！

099 | 焼肉 ジャンボ はなれ
ヤキニク ジャンボ ハナレ

★★★★☆ 4.33

GENRE
焼肉・肉料理

NEAREST STATION
東京都・本郷三丁目

📞03-5689-8705
東京都文京区本郷 3-27-9
アンリツビル B 1 F～1 F
🕐¥ 10,000～¥ 14,999

美食家たちを圧倒し続ける肉の名店。肉はその日ごとにサシの入り方によって最適な薄さにカットして提供。肉本来のクオリティもさることながら、その旨みを最大限に引き出すタレの旨さにも感動するはずだ。多くの常連客が楽しみにしている"牛ご飯"は、事前予約でしか食べられない、必食の一品。

ぺーぱーかんぱにー／コースの焼き肉屋さんが乱立している中、アラカルトで上質なお肉が注文できるのはとてもありがたいです。居心地もいいです。

---

100 | **OHKUSA**
オオクサ

★★★★☆ 4.24

GENRE
焼鳥・鳥料理

NEAREST STATION
東京都・四谷三丁目

📞03-6709-8874
東京都新宿区荒木町 7-13 森戸ビル 1 F
🕐¥ 8,000～¥ 9,999

予約のとれない人気店として知られた歌舞伎町『鳥みつ』が 2019 年 11 月に移転オープンしたのが『OHKUSA』。モダンで艶やかなムードが漂う店内はカウンターのみで、多種多様なブランド鶏をおまかせコースのみで提供。〆には地鶏を使った親子丼が登場する、店主・大草光邦氏の丁寧な仕事が詰まった焼鳥ディナーを楽しめる。

汁で汁吸ったろーん／すべての串が「今まで食べてきた焼き鳥は焼き鳥ではなかった…」と思わせるほど全部が全部「美味すぎる」串・お店でした

101 | 鳥しき
トリシキ

★★★★⯪ 4.51

GENRE
焼鳥・鳥料理

NEAREST STATION
東京都・目黒

📞03-3440-7656
東京都品川区上大崎 2-14-12
🌐¥10,000〜¥15,000

創業以来、福島県産の平飼いの伊達鶏を使用。生産者と意見を交換しながら育ててもらった鶏は、適度な脂と旨みとコクのバランス、柔らかな噛み心地などどれをとっても素晴らしく、そこへ店主・池川義輝氏の巧みの技が加わり至宝の美味が引き出されている。ミシュランの星を10年以上保持し、最も予約のとれない焼鳥店であり続けている。

辣油は飲み物／今や誰もが知る焼鳥の名店中の名店、目黒「鳥しき」。親方の池川義輝さんは、間違い無く焼鳥の可能性を広げた職人さんです。

102 | 鳥匠 いし井
トリショウ イシイ

★★★★☆ 4.29

GENRE
焼鳥・鳥料理

NEAREST STATION
大阪府・なにわ橋

📞06-7708-7864
大阪府大阪市北区西天満3-11-4 1F
🌐¥10,000〜¥19,999

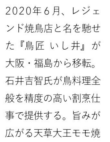

2020年6月、レジェンド焼鳥店と名を馳せた『鳥匠 いし井』が大阪・福島から移転。石井吉智氏が鳥料理全般を精度の高い割烹仕事で提供する。旨みが広がる天草大王モモ焼きや比内鶏50羽分のガラを煮詰めるコンソメなどの不動のスペシャリテに加え、藁で香ばしさをまとわせた一品や〆の土鍋炊きごはんなど、強靭な総合力を誇る。

うにくまる／大将が一見の私たちにも沢山話しかけてくださったお陰で、本当に心地の良いお食事時間になりました。大将の人柄好き！こりゃ人気なわけだ。

103 | とんかつ マンジェ
トンカツ マンジェ

★★★★☆ 4.20

GENRE
とんかつ・揚げ物

NEAREST STATION
大阪府・八尾

📞072-996-0175
大阪府八尾市陽光園2-3-22
◉¥2,000〜¥2,999
🌙¥2,000〜¥2,999

ホテルフレンチのシェフとして腕を振るっていた坂本邦雄氏が「より幅広い世代に親しまれる料理を」と辿り着いたのが、とんかつ。TOKYO-X、氷室豚、愛農ナチュラルポークをはじめとする厳選した豚肉を仕入れ、高温の油と余熱による絶妙な火入れで仕上げる。塩やソース、キャベツ、漬物にもこだわる、究極のとんかつ定食に感動必至。

milan1110／特製の衣がサックリ軽く、揚げ方も抜群で流石の味わいでした。お腹もパンパン、満足です。ヘレはもちろん、変わり種が個人的にオススメです。

104 | 嘯月
ショウゲツ

★★★☆☆ 3.97

GENRE
スイーツ

NEAREST STATION
京都府・北大路

📞075-491-2464
京都府京都市北区紫野上柳町6
◉¥2,000〜¥2,999

1916年創業の生菓子の老舗。生菓子は完全予約制。創業以来「店舗に商品を置かない」ことにこだわり、来店時間に合わせていつでもつくりたての味を提供する。繊細で見事な見た目と上品な甘さが特徴で、なかでもきめ細かいそぼろが美しい「きんとん」は名物。春には新緑とツツジ、秋にはモミジなど、彩りに季節を感じられるのも雅だ。

黄色のたぬき／印象に残ったのは「栗きんとん」の繊細な口当たりと「織部まんじゅう」の力強さ。「栗」の季節である10月に伺った甲斐がありました。

105 うなぎ亭 友栄

ウナギテイ トモエイ

★★★★☆ 4.22

GENRE
うなぎ

AREA
神奈川県・風祭

📞0465-23-1011
神奈川県小田原市風祭122
◉¥6,000〜¥7,999

最上級とされ、幻の高級魚とも言われる「青うなぎ」か、それに準ずる鰻のみを厳選して使用。たっぷり四度づけのタレは決してしつこくならないよう、その日の鰻の脂の状態で調整しながら仕上げていく。匠の技が詰まったうな重・白焼きはもちろん、海・山・川の朝採りの素材を最高の状態で供する一品料理も、旬が詰まった絶品揃いだ。

parisparis877／やっぱり美味しい！ひたすら好み！こんなに肉厚なのに、しっかり蒸してあるので、ふわっ感がたまりません。

106 Gourmandise

グルマンディーズ

★★★★☆ 4.36

GENRE
その他（ビストロ）

NEAREST STATION
東京都・広尾

📞03-6455-5338
東京都港区西麻布3-17-23
プティコワン西麻布2F
◉¥10,000〜¥14,999
🌙¥10,000〜¥14,999

パリの名店や老舗ビストロ、都内のフレンチなどで修業を積んだ実力派・長谷川北斗氏による店は、深夜まで楽しむことができる隠れ家のようなビストロ。外は香ばしく中はジューシーに、絶妙な火入れで和牛の持つ旨みを最大限に引き出したステーキは絶品。氏自らが手掛けた店の内装は温かく、豊富なワインとともに上質な時間を過ごせる。

やっぱり蕎麦／フランスのビストロに来た様な雰囲気で毎回気持ちが高ぶる。お料理は基本的に変わらない、そして簡潔。それがまた魅力の一つ。

107 | 肉屋 田中

ニクヤ タナカ

★★★★☆ 4.35

GENRE
その他（牛料理）

NEAREST STATION
東京都・銀座

📞03-6280-6529
東京都中央区銀座6-4-3
GICROS GINZA GEMS 9F
🕐¥30,000〜¥39,999

肉屋の家系に生まれた田中覚氏は、祖父に連れられ競りを眺め、和牛に奔走される父の背中を見つめ、肉とともに育ってきた。そして自らも、「日本一の牛を出したい」という思いを有言実行する。文字通り日本一の肉を集め、自らの手で調理する。最高の肉を変化に富んだ料理で味わうコースは、考えうる最高の贅沢のひとつだ。

KENタロウ／牛肉の他にも、高級キャビアや伊勢海老など、豪華食材が華を添えています。これより上はないのでは、と思える程ハイレベルな牛肉料理です。

108 | 柳家

ヤナギヤ

★★★★☆ 4.48

GENRE
その他（郷土料理）

AREA
岐阜県・瑞浪市

📞0572-65-2102
岐阜県瑞浪市陶町猿爪573-27
◉¥15,000〜¥19,999
🕐¥15,000〜¥19,999

岐阜県・瑞浪市の山奥に、全国から食通たちが訪れる郷土料理の名店『柳家』はある。江戸時代後期の古民家を移築したという趣のある空間で味わえるのは、春は山菜、夏は天然の鮎や鰻などの川魚、秋は希少なキノコ類、冬はジビエと、その時期にしか食べられない地元里山の食材を使ったコース。囲炉裏を囲んで饗される、唯一無二の"野生の宴"だ。

とりとり18／どれも美味しかったです。季節ごとに素材が変わり楽しめるお店。わざわざここまで来る価値ありです。

109 | 徳山鮓
トクヤマズシ

★★★★☆ 4.41

GENRE
その他（郷土料理）

NEAREST STATION
滋賀県・余呉

☎0749-86-4045
滋賀県長浜市余呉町川並1408
◉¥15,000〜¥19,999
🕐¥20,000〜¥29,999

琵琶湖の北端に位置する、余呉湖の湖畔にある和風オーベルジュ。こちらの名物といえば、近江の伝統食でもある〝熟鮓〟をはじめとした発酵料理の数々。なかでも、余呉湖で獲れたニゴロブナを使用した鮒鮓は臭みが一切なく、芳醇な旨みに感動する。厳選された美酒を片手に、その独特の風味を味わいたい。

あるぱかーん／どの料理も非常に完成度が素晴らしかった。オリジナリティーがありながらまとまりがあってシェフのセンスに感銘しました。

今回、諸事情によりご紹介のできなかったSILVERは以下の10店です。
また、5店はBest New Entryで紹介しております。

う嵐 ｜ Uran
うなぎ／滋賀

食堂 おがわ ｜ Ogawa
日本料理／京都

御料理 はやし ｜ Hayashi
日本料理／京都

鮨 はしもと ｜ Hashimoto
寿司／東京

かぶと ｜ Kabuto
うなぎ／東京

啐啄 つか本 ｜ Sottaku Tsukamoto
日本料理／京都

紀茂登 ｜ Kimoto
日本料理／東京

竹屋町 三多 ｜ Mita
日本料理／京都

サエキ飯店 ｜ Saeki Hanten
中華料理／東京

傳 ｜ DEN
創作料理／東京

Gold Complete Reviewer

2023 Best Restaurants

Goldコンプリートレビュアー2023ベストレストラン

The Tabelog Award 2023のGold店のすべてに足を運んだ
Goldコンプリートレビュアー。そんなレジェンド15名に、
2022年に最も記憶に残ったレストランベスト3を聞いた。

---

pateknautilus40

美味しいものを食べてる時が一番の幸せです。美味しさ
以外にも店主の『魅力』＝『人間力』が重要です。

1 位 P052	2 位 P120	3 位 P187
東京 寿司	東京 寿司	東京 その他（牛料理）
鮨 あらい	**東麻布 天本**	**肉屋 田中**

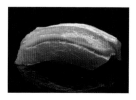  

こちらの代名詞と言えば鮪です。毎回ハズレのない極上の鮪とシャリが食べられる数少ないお店です。そして、大将とお弟子さんの元気一杯の接客で毎回元気を貰っております。	常にピンネタを揃えており、食べ手が『美味しい』を連呼してしまうお店です。そして、大将の如才無い接客サービスに居心地も良く、皆が行きたい鮨店というのも頷けます。	月齢30ヶ月以上の銘柄牛が常時頂ける唯一無二な肉割烹専門店です。最近は類似店が増えましたが常時頂けるのはこちらだけです。銘柄牛取り扱い店では日本一だと思います。

カフェモカ男

食べログアワード3年連続最速制覇（2020・2021・2022）。年間食べ歩き1500軒以上10年継続。

1 位　　　　P026

石川
日本料理

片折

店主の片折さんが毎朝自ら、能登や氷見などに出向き、その日の最高の食材を確かな目利きで選び、卓越した技術力で、素材本来の力強い味を生む。究極の地産地消お料理だと思います。

2 位　　　　P120

東京
寿司

東麻布 天本

日本トップクラスの食材を使い、それを扱う天本さんの妥協なき仕込みと技量が感じられるお寿司。これだけの食材が仕入れられるのも天本さんの人柄や経験があるからだと思います。

3 位　　　　P124

東京
イタリア料理

PELLEGRINO

素材の味、香り、旬を最大限に伝えたいと願う高橋さんの情熱は食べる人を魅了します。生ハムの香りに店内が包まれた時は幸せを感じます。特別な時間を与えてくれるお店です。

---

phili204

料理との出会いには無限の夢がある。その出会いは生涯における永遠の財産です。真の美食家になりたいです。

1 位　　　　P124

東京
イタリア料理

PELLEGRINO

唯一無二の夢の劇場版型レストラン"聖地ペレグリーノ"。一つの食材から無限の一皿を生み出すシェフの天才的センス。五感で感じ、無限の夢が見られる"この世の最高値"。

2 位　　　　P120

東京
寿司

東麻布 天本

これぞ"天"下一"本"物の鮨その名は"天本"。魚の旨味を引き出す完璧な仕事をされており極上のつまみと究極のにぎりがいただけます。大将の強い信念が人を惹きつける。

3 位　　　　P026

石川
日本料理

片折

人々を金沢に集める最たる理由それは"片折"。食材の仕入れに時間を惜しまず最高のものを揃えています。地元北陸の食材を活かし四季を感じる料理が堪能できる名店です。

藤崎まり子

365日外食を25年以上、続けています。平日は毎月伺うお店が15店あり、土日祝は全国食べ歩きしています。

1位　　　　　P232

鹿児島
寿司

鮨匠 のむら

鹿児島近海の地物にこだわった鹿児島県愛が溢れる野村大将の鮨は正に旨い魚と書いて鮨。最高の魚を提供するために頑張って下さる地元の漁師さんと野村大将の最高タッグです。

2位　　　　　P250

岐阜
中華料理

開化亭

ベルーガキャビアを使用した冷製ビーフンと黒鮑の肝入りオイスターソースが忘れられなくて何度も新幹線に乗り食べに来た中華料理店、私の食べ歩きのルーツとなったお店なのです。

3位　　　　　P149

長野
日本料理

日本料理 柚木元

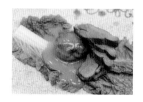

山菜、川魚、松茸、ジビエが楽しめる四季折々に訪ねたい飯田の名店。ご主人と女将さんのホスピタリティも素晴らしく心地良く幸せな時間が過ごせます。

ぺーぱーかんぱにー

食べ歩きを始めて2年半。年間1000軒ペース。S級からB級まで「美味しい」を求めて全国食べ歩き。

1位　　　　　P026

石川
日本料理

片折

山海の幸に恵まれた石川県。その豊富な食材の魅力を最大限に引き出す究極の引き算料理。季節毎に最高の食材を最高の調理法と、最高のホスピタリティで。全方位隙無しです。

2位　　　　　P124

東京
イタリア料理

PELLEGRINO

伺う度に最高値を更新し続ける稀有なレストラン。第一部の一品料理。第二部の生ハム料理。そしてペアリング。4時間ノンストップで感動に包まれる唯一無二の劇場型イタリアン。

3位　　　　　P120

東京
寿司

東麻布 天本

都内、いや全国トップクラスのピンネタを扱うお寿司屋。握りはもちろんのこと、ネタがいいだけにつまみも外しません。一度食べてしまうともう他のネタには戻れないかも！？

vamitan

予約の取りやすいお店を選択しました。ぱみたんと呼ばれてます。Instagramはpamitannnです。

1 位　　　　P141

滋賀
日本料理

湖里庵

まるで、天空にいるかのような気持ちになれるお店です。カウンター席に座り、ガラスから見えるのは絵に書いたような景色。琵琶湖の食材を堪能しながらの贅沢空間です。

2 位　　　　P244

長野
イタリアン

ca'enne

薪料理と八ヶ岳の土地で育った食材が出てきます。引き算の料理のイタリアンです。パルマで実際に生ハム工房の技術を学んでいて繊細な生ハムに仕上がっていました。

3 位　　　　P243

秋田
イタリアン

ristorante giueme

全体的に価格帯と料理の質を考えた場合にとてもよかった印象があります。秋田の素材を多く使っているイタリアンです。

カイトーベン

スイーツ〜B級〜百名店〜高級店〜予約困難店まで美味しいものがあれば全国どこでも伺います。

1 位　　　　P016

東京
スペイン料理

acá

何をいただいても毎回ハズレのない美味しい料理ばかり。料理だけではなく、東シェフをはじめスタッフのみなさんによって作られる最高の空間。私の人生最高のレストランです。

2 位　　　　P046

東京
日本料理

新ばし 星野

どの時期に伺っても美味しく、見た目では伝わらない繊細な料理に毎回感動させられます。予約は困難ですが毎月でも伺いたいお店です。

3 位　　　　P162

福岡
寿司

近松

丁寧な仕事をされているのが伝わってくる優しい握りに毎回癒やされます。どこに住んでいても福岡まで伺う価値のあるお店です。

drkck

唯一無二のグルメをこよなく愛する医師です。
@drkck9233 グルメドクターでインスタやってます。

1位　　　　P170

千葉
イタリアン

PRESENTE Sugi

唯一無二の世界観、ここでしか食べられない料理と素晴らしいペアリングはまさに圧巻。衝撃的でした。通い続けたいお店です。

2位　　　　P119

長野
イタリアン

Restaurant Naz

若干28歳でありながら天才的センスで乳酸発酵を使いこなした料理の数々。発酵系苦手な私でも発酵の嫌な香りを取って、旨味だけを活かした料理には感動しました。

3位　　　　P153

大阪
日本料理

本湖月

毎月伺う大好きなお店。日本料理とは何か、料理を食べるだけではなく、器や季節の移り変わり、歴史と伝統、様々なことを学ばせてくれるお店です。

食いしん坊あやぽよ

最年少＆女性初、年間ゴールド受賞20代女子。年間1000食全国食べ歩く食いしん坊。ワインに目がない♥

1位　　　　P120

東京
寿司

東麻布 天本

こだわり抜いた最高の食材に、進化し続けるシャリ。つまみも握りも紛うことなき超一流でありながら常に挑戦を絶やさない大将の姿勢に感動しつつ居心地の良い時間を過ごす。

2位　　　　P046

東京
日本料理

新ばし 星野

旬の素晴らしい食材と丁寧な仕込み、それを導く研ぎ澄まされた感性が光る「澄んだお料理」。大将のお人柄が作る居心地の良い空気感も大好きで、一生通い続けたいお店。

3位　　　　P026

石川
日本料理

片折

驚くべきは、主役となる食材だけでなく間に挟む小皿の隙のなさ。全体を通して流れに一切淀みがなく、完璧なバランスを体現している。食べ手側の心と舌を見透かす格別のお店。

海原雄コ ♡

全国の美味しいものを求めて食べ歩いています。隠れた名店を探すのも楽しみ。

1 位　　P052

東京
寿司

鮨 あらい

美味しいお鮨屋は数あれど、あらいさんのお鮨を口に含んだ瞬間の味わいは素晴らしく言葉にならない喜びのため息がもれます。

2 位　　P171

長野
イタリアン

Fogliolina della Porta Fortuna

訪れる度に変わる一期一会のメニューに感動します。

3 位　　P170

千葉
イタリアン

PRESENTE Sugi

シグネチャーメニューの進化、シーズナルメニューの驚きは期待を一切裏切らない。

kurea

kureaが選ぶベストレストランはこちら3軒に決定☆全てのお店へ尊敬心を持って食を楽しみたいと思います。

1 位　　P026

石川
日本料理

片折

大将が丁寧に炭火で焼き上げた昼採れの松茸は水分量が朝露の様に溢れて全てのゲストが最高の笑顔に＼(^o^)／女将さんのステキなおもてなし大感謝申し上げます。

2 位　　P124

東京
イタリア料理

PELLEGRINO

唯一無二の夢の劇場型イタリアンは高橋シェフの情熱＆心意気が細部まで宿って客を魅了します。何度でも訪れたいのですが神様に願い奇跡を待つしか予約方法が無い超予約困難店w。

3 位　　P106

愛知
天ぷら

にい留

瑞々しい旬の食材を最高の状態で目の前に。とても香り高く味わいを最大限に引き立てる大将の衣は想像よりも軽やかに静かに口の中でほどけるような感覚で楽しめます。

Tokyo Rocks

フレンチ、ラーメン、懐石を愛するコスモポリタンな
フーディー。

1 位　　　　P151

京都
日本料理

富小路 やま岸

料理はもちろん美味しいのだが、
山岸さんの人柄、空間の居心地
の良さ、サービスなど日本が世
界に誇れる懐石の名店。2ヶ月
に一度、東京から新幹線に乗っ
て食べに行くお店。

2 位　　　　P169

東京
フレンチ

ロオジエ

パリにお店があっても、間違い
なく3つ星に選ばれるただ1軒
の名店。料理、サービスは当然
素晴らしいが、特にチーズのコ
ンディションは日本No.1と言
っても過言ではない。

3 位　　　　P080

東京
イノベーティブ・フュージョン

CHIUnE

広尾に移転し、新しい空間を得
たことにより、真のワールドク
ラスなレストランに。シンプリ
シティーと美味しさを極限まで
追求した品々に訪問する度に唸
ってしまう。

サンショウマン

食べ歩きが趣味で週6日は超予約困難店からB級まで食
べてます。美味しいと聞けば全国どこでも行きます！

1 位　　　　P120

東京
寿司

東麻布 天本

天本大将の鮨とつまみはどこの
鮨屋より旬を先取りしてピンの
ネタで美味しく喜ばせてくれま
す！カウンター8席は天本大将
のトークでいつも楽しく最高で
す！

2 位　　　　P110

東京
寿司

日本橋蛎殻町 すぎた

杉田大将の鮨を握る所作の美し
さや声のトーンは訪れた人皆が
魅入られてしまう！ぶれない鮨
とつまみは最高に美味い！大将
はじめスタッフの接客も抜群で
す！

3 位　　　　P026

石川
日本料理

片折

片折大将の料理は抜群な包丁入
れと火入れで地元石川県の素材
をとても美味しく食べさせてく
れます！大将はじめ女将さんや
スタッフの接客も最高で毎回楽
しいです！

amanekenama

「楽しく美味しい時間を大切に」をモットーに食べ飲み歩きをしております。

1 位　P106

愛知
天ぷら

にい留

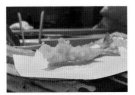

にい留さんの天ぷらはとにかく香りが素晴らしく、濃厚な食材の味とジューシーさも両立する現時点での至高の天ぷらです。そして現時点を越えていくのもにい留さんなのでしょう。

2 位　P172

愛知県
イタリアン

il AOYAMA

愛知県の拘り食材も多く扱われるここでしか食べられない綺麗な味わいの絶品アオヤマ流イタリアン。マダムのフォカッチャとトークも楽しみの1つです。

3 位　P170

北海道
イタリアン

余市 SAGRA

ワイン特区でもある余市で「この地の食材を、この地のワインと」をモットーに、ここでしか食べられない料理を和やかに楽しめる村井流イタリアンのオーベルジュです。

食べムロ

Instagramフォロワー10万人。東京を中心に全国まで食べ歩きしてます。

1 位　P156

北海道
寿司

鮨 一幸

ストーリー性のある考えぬかれた握りの構成の感動的な素晴らしさ。季節毎にスペシャリテが用意されていてどのシーズンに行っても楽しめるから。

2 位　P016

東京
スペイン料理

acá

コース1品目から最後まで全てが美味しい。東シェフをはじめ全スタッフさんのホスピタリティもよく毎回素晴らしい空間で最高の料理を食べられるから。

3 位　P076

静岡
日本料理

勢麟

一年で5回店の顔を変えて全く飽きが来ずシーズン何度行っても満足度が高い。河豚、天ぷら、鱧、鰻、松茸とどのシーズンもレベルが高いから。

The Tabelog Award

ノミネート外ベストレストラン

惜しくもThe Tabelog Award 2023にはノミネートされなかったが、全国には他にもおいしい店は数多ある。Goldコンプリートレビュアーが推す、選外のベストレストランとは？

---

pateknautilus40

焼肉・肉料理

雪月花 たなかさとる

📞052-211-8829　愛知県名古屋市中区栄3-9-2
GEMS栄 11F
🕐￥10,000〜￥14,999

国内最高峰の牛肉を提供する雪月花グループの旗艦焼肉店です。最高級の和牛で焼肉を頂くなら迷わずこちらへ伺います。上品な料理と丁寧なサービスで素晴らしいお店です。

カフェモカ男

イノベーティブ・フュージョン

TSUSHIMI

📞非公開　山梨県韮崎以降非公開
◉￥40,000〜￥49,999　🕐￥40,000〜￥49,999

一日一組の唯一無二の野菜が主役のフレンチです。お店は森の中にあります。「天」と「水」と「土」から形成される「日本の森」をイメージしたコース料理が頂けます。

---

phili204

日本料理

感情

📞080-5122-4125　東京都港区六本木4-12-5
六本木144ビル 3F
🕐￥30,000〜￥39,999

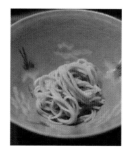

"感"性が豊かな"情"に満ちた料理"感情"。ジャンルに囚われない様々な料理がいただけるのは、シェフの幅広い経歴があるからこそ成せる業です。

藤崎まり子

中国料理

中國菜 奈良町 枸杞

📞非公開　奈良県奈良市紀寺町913-2
◉¥5,999〜¥7,999　🍴¥17,000〜¥23,000

無化調、無農薬無化学肥料での自家栽培にこだわった中国料理店。独創的な枸杞式四川料理・広東料理はディナーだけでなくランチの枸杞點心コースもかなり素晴らしいのでお勧めです。

ぺーぱーかんぱにー

イタリアン

LA CASA DI Tetsuo Ota

📞0267-41-0059　長野県北佐久郡軽井沢町大字発地342-100
◉¥20,000〜¥29,999　🍴¥20,000〜¥29,999

軽井沢にある年間40日ほどしか営業しない、もはや幻のレストラン。シェフ自ら採ってきた力強い山菜を使い多国籍の要素を組み合わせた"オオタ料理"なるもの唯一無二の体験。

---

vamitan

フレンチ

restaurant Ryu

📞0596-52-6440　三重県多気郡明和町大字金剛坂776-21
◉¥8,000〜¥10,000　🍴¥15,000〜¥20,000

料理が独創的なフレンチレストランです。店主は陶芸家もしていて、お店でその商品が買えます。ランチが5000円未満でコースも食べられるお手頃コースで内容も満足です。
※現在はランチ7,700円のコースのみ

カイトーベン

イタリアン

ワインレストラン LA MARGHERITA

📞非公開　東京都以降非公開
🍴¥10,000〜¥14,999

ワインを楽しめるイタリアン。ワインや料理について丁寧に説明して下さるシェフの人柄も素敵です。ワイン好きな方は一度は訪れるべきレストランだと思います。

drkck

中華料理

銀座 上瀧

📞03-3569-0780　東京都中央区銀座 7-5-15
AG 1 ビル 3F
◉¥ 40,000～¥49,999　🕙¥ 50,000～¥ 59,999

仕入れからこだわり抜いた本物を味わえるお店。初産の上海蟹とか初めて食べたけど驚くほど美味しかった。

食いしん坊あやぽよ

イノベーティブ・フュージョン

美会

📞03-6804-2489　東京都港区六本木 7-3-21
来山ビル 2F
🕙¥ 20,000～¥ 29,999

本格派タイ料理と、相反するイメージの和のテイストが見事に織り交ざる、美会さんにしかできない新たな美食ジャンルへの挑戦。予約が取れるうちに行くべき素晴らしいお店。

海原雄コ♡

イノベーティブ・フュージョン

SOWER

📞0749-89-1888　滋賀県長浜市西浅井町
大浦2064
🕙¥ 15,000～¥ 19,999

nomaやINUAで振るった腕は琵琶湖周辺の食材を新しい形に変化。全てが印象的。

---

kurea

焼肉・肉料理

奈良きみや 別邸 柘榴

📞050-5456-2954　大阪府大阪市北区西
天満 2-7-19 西宝ビル 1F
🕙¥ 20,000～¥ 29,999

大将が焼きに来てくれるタイミングに予約が合致したら宝くじに当たったも同然なベストなひと時を過ごせます。肉厚なシャトーブリアンはフォークで裂き割りするスタイルが斬新。1口目は特に記憶に残る瞬間です。ぜひ！！

Tokyo Rocks

ラーメン

うらしま

📞0736-77-5473　和歌山県紀の川市花野20-7
◉〜￥999

毎年100軒以上のラーメン店を訪問していてもまだ訪問しなかった名店。和歌山トンコツ系は今まであまり好みでなかったにもに関わらず、営業時間が2時間弱の衝撃的に美味しかったお店。

サンショウマン

寿司

鮨処 やまと

📞03-3543-6311　東京都中央区築地3-7-2
第五銀座ウェスト築地ビル1F
🌓￥20,000〜￥29,999

日本橋蛎殻町すぎたや銀座小十でしっかり修行を積んで独立してるので何を食べてもとても美味しい！　鮨を握る姿も杉田さん譲りでこの先どこまで伸びるか楽しみです！

---

amanekenama

フレンチ

Apprendre

📞050-5596-3623　愛知県名古屋市昭和区
隼人町7-13 サンシャインいりなか 1A 1B
🌓￥15,000〜￥20,000

食材とソース、ワインとの組み合わせ美味しいクラシカルフレンチのお店です。肩ひじはらず楽しめるお店、クラシカルですが〆に意外な一品が楽しめるかも！？

食べムロ

焼肉・肉料理

江戸焼肉

📞03-6263-9925　東京都中央区銀座6-6-5
HULIC & New GINZA NAMIKI 6 4F B
🌓￥30,000〜￥39,999

総料理長の近重さんのインスピレーション、アイデアが素晴らしく純血但馬牛を中心とした焼肉をより深く楽しむ事が出来る。お客さんを心から楽しませたいと伝わるため。

| Silver |

北野坂 木下

キタノザカ キノシタ

★★★★☆ 4.03

GENRE
イタリアン

NEAREST STATION
兵庫県・三宮

☎078-221-2261
兵庫県神戸市中央区
中山手通1-24-14 ペンシルビル 2F
◉ ¥15,000〜¥19,999
🕐 ¥20,000〜¥29,999

　2020年5月にオープンするや、2年先まで予約が取れないと食通の間で話題となったリストランテ。オーナーシェフの木下憲幸氏はイタリアでの修業時代に4軒の星付き店でポジションシェフを務めた人だ。帰国後の2015年、神戸に『Ristorante Due』を開業（現在は閉店）。ガストロバックなどのハイテク調理機器を使った新味のイタリアンで人気を博した。新たな挑戦で開業した『北野坂 木下』で採用したのが、炭火と薪火。このプリミティブな方法で、浜坂漁港から届く松葉カニやモサ海老、淡路島産トマトといった地元・兵庫県産の食材を調理、その持ち味を最大限に引き出すコースを展開する。また油脂ではなく、素材に合わせた出汁で旨みを添えるのも木下流。他にも食材の組み合わせの妙など、シェフの経験とセンスに訪れた客は感動しきりだ。

TEXT: KOJI OKANO　PHOTO: KAZUKI MITA

Best New Entry | 12

くるますし

★★★★☆ 4.08

GENRE
寿司

NEAREST STATION
愛媛県・勝山町

📞089-932-3689
愛媛県松山市一番町1-6-9
💰￥20,000〜￥29,999

　18歳のときに上京して8年間、江戸前寿司の経験を積んだ『くるますし』二代目・高平康司氏。故郷の愛媛・松山に戻り、26歳の若さで店を継いだのは、ひとえに魚が獲れる場所の近くで鮨職人の仕事を全うしたかったからだ。「揚がったばかりの魚には、1日かけて運んでいる間に消えてしまう甘味や旨味、香りが存在します」。ゆえに扱う魚は愛媛産をはじめ、瀬戸内海沿いから太平洋側までの四国の地物が中心。また素材本来のおいしさが失われないように、高平氏自身が現場に出向き、神経締めや血抜きなどの処置を施すこともある。魚を熟成させる際には、旨味成分に加えて身の香りまでも引き出せるように、熟成の温度や時間を徹底的に管理。魚の複雑なおいしさを引き出すべく時間と労力を惜しまない姿勢こそが、高平氏の鮨職人としての凄さだ。

TEXT: KOJI OKANO　PHOTO: NORIKO YONEYAMA

Best New Entry | 13

| Bronze |

日本料理 別府 廣門

ニホンリョウリ ペップ ヒロカド

★★★★☆ 4.15

GENRE
日本料理

NEAREST STATION
大分県・別府

📞050-3647-3123
大分県別府市堀田4-2
◉ ¥20,000〜¥29,999
🕐 ¥20,000〜¥29,999

　ところどころで湯けむりを上げる別府温泉の一角、なだらかな山の中腹に佇む一軒家だ。ケヤキ一枚板のカウンターからは大分県産の天然石の石庭が望めるが、大分らしさが味わえるのは眺望ばかりではない。たとえば美しい里山の風景を映し出したかのような八寸はダイナミックでフォトジェニックであるのみならず、そこに盛られた、魚介などほぼすべての食材が大分近郊で、日頃から親交のある生産者により作られたもの。丁寧に骨を抜いて供するスペシャリテ「ほね抜き鱧」や大分県産のすっぽんなどの高級食材はもちろんのこと、脇に添えられた青菜のおひたしの爽快な味わいにも驚かされる。コース終盤には、蕎麦の神様と称えられる名人、高橋邦弘氏に師事した店主の手打ち蕎麦も登場。飽きさせないコース展開に、早くも遠方からの予約が相次ぐ。

TEXT: MIYAKO AKIYAMA　　PHOTO: NAOKI MATSUKUMA

レストランを語るなら、
必ず押さえておくべき名店

Bronze 340 Award Winners

TEXT: MINA HIROE / RYOKO ARITA / MARIA KAWASHIMA

※諸事情によりBronzeで45店のお店を紹介できませんでした。また、8店はBest New Entryで紹介しております。
※祇園 さゝ木（P214）は7月上旬にリニューアルオープン予定です。山勢（P258）は移転予定があります。点数、
　写真、口コミ、二次元バーコードはそれぞれリニューアル・移転前の情報になります。

110 味道広路
アジドコロ

★★★★☆
4.08

GENRE 日本料理	**NEAREST STATION** 北海道・栗山

📞0123-73-6677　北海道夕張郡栗山町湯地40-35
💰¥7,000〜¥15,000　🍴¥7,000〜¥15,000

hiro0827／栗山町という長閑な田舎にある店なのだが、料理に田舎らしさが全くない　いわゆる一流日本料理店の風格すら感じさせるのだ

111 壽山
スヤマ

★★★★☆
4.09

GENRE 日本料理	**NEAREST STATION** 北海道・西18丁目

📞011-688-8024　北海道札幌市中央区大通西17-2-8 グラシアス大通1F
🍴¥20,000〜¥29,999

Mark Ma／お料理はしっかりとおしごとをしている実直な感じ。食べていて安心感がありますね。大将のお人柄も優しい雰囲気でいいお店ですね。

112 御料理 寺沢
オリョウリ テラサワ

★★★★☆
4.13

GENRE 日本料理	**AREA** 岩手県・北上市

📞0197-72-7708　岩手県北上市大通り4-4-3
💰¥10,000〜¥14,999　🍴¥10,000〜¥14,999

みっきー0141／季節の盛り込みも美しい並びで、どれも上品な味わい。雰囲気良し。料理も良し。全てが良しで揃っているお店。

113 日本料理 新茶家
ニホンリョウリ シンチャヤ

★★★★☆
4.08

GENRE 日本料理	**AREA** 岩手県・奥州市

📞0197-35-2025　岩手県奥州市江刺中町4-1
💰¥10,000〜¥14,999　🍴¥20,000〜¥29,999

phili204／食材が本来持つ良さを引き出されている印象を受けました。志の高いご主人の努力とセンスが光るお料理を存分に堪能することができました。

114 御宿かわせみ
オンヤドカワセミ

★★★★☆
4.07

GENRE 日本料理	**NEAREST STATION** 福島県・飯坂温泉

📞024-543-1111　福島県福島市飯坂町字小川端2-14　💰🍴¥46,970〜¥85,470(宿泊代込・入湯税別)

みつごとうさん／ここは料理旅館として名を馳せていますがさすがにお造りからすべての料理がちゃんとした和食屋さんそのものです。

115 らん亭〜 美日庵
ランテイ ビビアン

★★★★★ 4.09

GENRE 日本料理 | NEAREST STATION 福島県・郡山富田

☎024-934-9939　福島県郡山市富田東5-101
💰¥11,550〜¥19,999　🕐¥15,000〜¥19,999

トモサク／地元食材を大切にしつつ、そこに捉われない素材と調理の自由さはとにかく面白いのひと言。

116 赤坂 詠月
アカサカ エイゲツ

★★★★★ 4.07

GENRE 日本料理 | NEAREST STATION 東京都・赤坂見附

☎03-6277-6293　東京都港区赤坂3-11-7
ソシアル赤坂ビル 4F
🕐¥20,000〜¥29,999

island2020／派手さは無いけどしっかりとした美味しさの一品一品。店主の真摯さが伝わってくるお料理ですね。

117 赤坂 菊乃井
アカサカ キクノイ

★★★★☆ 3.93

GENRE 日本料理 | NEAREST STATION 東京都・赤坂

☎03-3568-6055　東京都港区赤坂6-13-8
💰¥15,730〜　🕐¥22,770〜

あきとん（・・）／いやー、今日の菊乃井は完璧だった(*´ェ｀*)「どれが美味しい」ではなく、「全て美味しい」毎年食べていても、飽きない。

118 麻布 かどわき
アザブ カドワキ

★★★★★ 4.19

GENRE 日本料理 | NEAREST STATION 東京都・麻布十番

☎03-5772-2553　東京都港区麻布十番2-7-2
ローズハウス1F
🕐¥40,000〜¥49,999

工藤明生 本物／何度でも伺いたくなる、日本の誇りです。お料理、美しい器、おもてなし。この三拍子が揃った麻布かどわき。

119 麻布十番 ふくだ
アザブジュウバン フクダ

★★★★☆ 3.88

GENRE 日本料理 | NEAREST STATION 東京都・麻布十番

☎03-6453-7256　東京都港区麻布十番3-7-5
マスコビル麻布弐番館1F
🕐¥40,000〜¥49,999

Lady hana／素材の味を存分に活かしていてシンプルですが手間暇かけてるのが伝わる洗練されたお料理です。

120 いち太
イチタ

★★★★☆
3.96

GENRE 日本料理 | NEAREST STATION 東京都・外苑前

📞03-6455-4023　東京都港区南青山3-4-6
AOYAMA346 101
🕐￥30,000〜￥39,999

みうっちょ／いち太さんと云えば締めの十割蕎麦〜色々な種類の蕎麦が用意され蕎麦好きな人には堪らない日本料理店ですね(＾ω＾)

121 銀座 きた福
ギンザ キタフク

★★★★☆
3.97

GENRE 日本料理 | NEAREST STATION 東京・銀座

📞050-3628-6368　東京都中央区銀座7-4-5
銀座745ビル3F
◎￥40,000〜￥49,999　🕐￥40,000〜￥49,999

オールバックGOGOGO／お客様の目の前で蟹を豪快に捌く　一杯の蟹を"まるごと"堪能することができる、珠玉の活蟹料理専門店です。

122 銀座ふじやま
ギンザフジヤマ

★★★★☆
4.03

GENRE 日本料理 | NEAREST STATION 東京都・銀座

📞03-6263-2435　東京都中央区銀座3-3-6
銀座モリタビル7F
🕐￥45,000〜

東行晋作／凛とした雰囲気が漂う茶室風の設えで、京都の高級老舗料亭にいるような感覚にさせるとても贅沢な空間である。

123 くろぎ

★★★★☆
4.31

GENRE 日本料理 | NEAREST STATION 東京都・大門

📞03-6452-9039　東京都港区芝公園1-7-10
◎￥75,000〜　🕐￥75,000〜

酔いどれお姉さん／なかなかの高額でも有名な(w)くろぎさん　若干身構えて伺いましたが　豪華な食材のオンパレードに圧巻。

124 喰善 あべ
ショクゼン アベ

★★★★☆
3.93

GENRE 日本料理 | NEAREST STATION 東京都・銀座

📞03-3572-4855　東京都中央区銀座5-6-10
都ビル4F
🕐￥20,000〜￥29,999

ぺーぱーかんぱにー／なんといっても出来立ての煮えばなは、お米本来の優しい甘さと、アルデンテな食感で記憶に残る一品。

125 鈴田式
スズタシキ

★★★★☆
4.09

GENRE 日本料理 | NEAREST STATION 東京都・麻布十番

📞03-6876-9656　東京都港区三田1-10-17
🕐￥40,000〜￥49,999

ベターデイズ／お料理は素晴らしい素材を使っているのですべて間違いなく、薪焼きのお料理は焼きが大変優しいし椎茸やお肉などのジューシーさに驚き。

126 多仁本
タニモト

★★★★☆
4.05

GENRE 日本料理 | NEAREST STATION 東京都・四谷三丁目

📞03-6380-5797　東京都新宿区荒木町3-21
宮内ビル2F
🕐￥20,000〜￥29,999　🕐￥20,000〜￥29,999

ぐりまーついんず／リーズナブルだし満足。満腹。テクスチャーの違いや食材の意外な組み合わせ、意表をついた調理で楽しませていただきました。

127 津の守坂 小柴
ツノカミザカ コシバ

★★★★☆
4.20

GENRE 日本料理 | NEAREST STATION 東京都・曙橋

📞03-6273-0195　東京都新宿区荒木町15
サンシャトー四谷203
🕐￥10,000〜￥14,999　🕐￥20,000〜￥29,999

キャサリン プー／日本料理に不可欠な季節感を存分に楽しめるお店です。丁寧なお料理に素晴らしい器の数々を堪能することができました。

128 と村
トムラ

★★★★☆
4.26

GENRE 日本料理 | NEAREST STATION 東京都・虎ノ門

📞03-3591-3303　東京都港区虎ノ門1-11-14
第二ジェスペールビル1F
🕐￥80,000〜¥99,999

藤崎まり子／戸村さんの料理はシンプルだけどしっかり、素材の美味しさを活かした料理だと言える。

129 肉割烹 上
ニクカッポウ ジョウ

★★★★☆
4.23

GENRE 日本料理 | NEAREST STATION 東京都・乃木坂

📞03-3486-2929　東京都港区西麻布2-24-14
バルビゾン73 B1F
🕐￥15,000〜￥19,999　🕐￥30,000〜￥39,999

ニールマン／シャトーブリアンのサンドイッチやサーロインの握りなども上々で、1品1品が印象に残る味わいは流石です。

130　日本料理 太月
ニホンリョウリ タゲツ

★★★★☆ 4.20

GENRE　日本料理　　　　NEAREST STATION　東京都・表参道

☎03-6450-5991　東京都港区北青山3-13-1
北青山関根ビルB1F
🍴¥10,000～¥14,999　🍷¥20,000～¥29,999

furutax2／鰹昆布出汁こそ日本料理の原点だと改めて気付かせてくれる

131　味享
ミタカ

★★★★☆ 4.29

GENRE　日本料理　　　　NEAREST STATION　東京都・内幸町

☎03-6812-7168　東京都港区西新橋1-18-8
報徳ビル1F
🍷¥40,000～¥49,999

ぺぴどん／手間をかけることを惜しまず丁寧な仕事が、滋味深く体に沁みるような美味しさを生み、料理を味わうことに没頭することができました。

132　龍吟
リュウギン

★★★☆☆ 3.93

GENRE　日本料理　　　　NEAREST STATION　東京都・日比谷

☎03-6630-0007　東京都千代田区有楽町1-1-2
ミッドタウン日比谷7F
🍷¥60,000～¥79,999

yoshimurakei／全体として技法や伝統、食器など伝統的な日本料理をベースにしながらもエッセンスとして様々な要素が加えられている印象を受けました。

133　蓮 三四七
レン ミシナ

★★★★☆ 4.06

GENRE　日本料理　　　　NEAREST STATION　東京都・内幸町

☎050-3138-5225　東京都中央区銀座7-3-13
ニューギンザビルB1F
🍴¥30,000～¥39,999　🍷¥30,000～¥39,999

野良パンダム／どの食材もかなり良い品を用いてるようですし、食材の持ち味を余すことなく引き出している調理&調味も見事。

134　六寛
ロッカン

★★★☆☆ 3.96

GENRE　日本料理　　　　NEAREST STATION　東京都・築地

☎03-6278-7917　東京都中央区築地6-6-6
🍷¥35,000～¥45,000

東行晋作／日本料理の名店「井雪」の上田さんが、すっぽん好きな常連客のためにオープンさせた隠れ家的な料理屋である。

135 | 割烹 新多久
カッポウ シンタク

★★★★☆
3.98

GENRE 日本料理	**NEAREST STATION** 新潟県・村上

📞0254-53-2107　新潟県村上市小町3-38
◉￥6,600〜￥20,000　🕐￥8,800〜￥20,000

やっぱり蕎麦／コスパは相当良いと思う。甘鯛など良く目にする食材も調理法を追求されており食べたことが無いレベルで驚かされる。

136 | 御料理ふじ居
オリョウリフジイ

★★★★☆
4.11

GENRE 日本料理	**NEAREST STATION** 富山県・競輪場前

📞076-471-5555　富山県富山市東岩瀬町93
◉￥27,500〜　🕐￥27,500〜

オールバックGOGOGO／天然鰤の解体、本ズワイ蟹の解体、、、日本庭園のライトアップ、そして雪が降り、とても風情がありますね

137 | 日本料理山崎
ニホンリョウリヤマザキ

★★★★☆
3.92

GENRE 日本料理	**NEAREST STATION** 富山県・西中野

📞076-423-2320　富山県富山市布瀬町南1-18-9
◉￥15,000〜　🕐￥20,000〜

しめしめしめこ／どのお料理もとっても美味しかった　居心地も最高だしコスパも良く大満足！富山ならではの鮮度の良い食材も食べられるので是非

138 | 無名
ムミョウ

★★★★☆
4.06

GENRE 日本料理	**NEAREST STATION** 長野県・茅野

📞050-3183-7272　長野県茅野市仲町5-4
◉￥15,000〜￥19,999　🕐￥15,000〜￥19,999

ペンギン案内人／非常に満足のいくディナーになりました。型にはまらないユニークな料理構成で、最後まで飽きさせない工夫も素晴らしい。

139 | 日本料理FUJI
ニホンリョウリフジ

★★★★☆
4.12

GENRE 日本料理	**NEAREST STATION** 静岡県・静岡

📞054-260-5166　静岡県静岡市葵区栄町3-6
◉￥15,000〜￥19,999　🕐￥15,000〜￥19,999

parisparis877／えぼ鯛も、鰤も鯖も！イメージするその魚種の味わいを超えてきて、この日も本当に素晴らしかった♪

140 懐石 八泉
カイセキ ハチセン

★★★★☆ 4.09

| GENRE | 日本料理 | NEAREST STATION | 愛知県・本山 |

📞052-783-0600　愛知県名古屋市千種区猫洞通4-34
◉¥35,000〜　🌙¥35,000〜

Rのおいさん／奇をてらうようなタイプではなく、素材の良さを存分に引き出したシンプルでいて繊細な料理。

141 肉屋 雪月花 NAGOYA
ニクヤ セツゲッカ ナゴヤ

★★★★☆ 4.14

| GENRE | 日本料理 | NEAREST STATION | 愛知県・名鉄名古屋 |

📞052-433-1029　愛知県名古屋市中村区名駅4-6-23 第三堀内ビルB1F
🌙¥20,000〜¥29,999

おでんおかず／これだけいただいても、良質な脂のせいか、全く胃もたれが無く、最後まで美味しく堪能しました‼

142 野嵯和
ノザワ

★★★★⯪ 4.51

| GENRE | 日本料理 | NEAREST STATION | 非公開 |

📞非公開　愛知県名古屋市
🌙¥30,000〜

amanekenama／料理は食材を生かす掛け合わせの妙が本当に素晴らしく、そして他では味わえない味、いつもわくわく楽しい時間です

143 花いち
ハナイチ

★★★★☆ 4.17

| GENRE | 日本料理 | NEAREST STATION | 愛知県・浄心 |

📞052-524-2876　愛知県名古屋市西区児玉2-4-13
🌙¥10,000〜¥14,999

藤崎まり子／シンプルに美味しい。普通の食材を美味しく最高の状態で食べることこそ幸せなことです。

144 行楽庵
コウラクアン

★★★★☆ 4.00

| GENRE | 日本料理 | AERA | 滋賀県・大津市 |

📞077-545-6335　滋賀県大津市萱野浦25-1 コンフォール萱野浦1F
◉¥6,000〜¥7,000　🌙¥13,000〜

ぺーぱーかんぱにー／琵琶湖の岬で、ほっこりするお料理に、時を忘れてゆっくりとした時間を過ごさせて頂きました。

145 招福樓 本店
ショウフクロウ ホンテン

★★★☆☆
3.93

| GENRE 日本料理 | NEAREST STATION 滋賀県・八日市 |

📞0748-22-0003　滋賀県東近江市八日市本町8-11
💰￥20,000〜￥66,000　🕐￥30,000〜￥66,000

Lady hana／歴史を感じる重厚な雰囲気が相変わらず素敵。食事は閑静な庭を眺めながらゆったりとした部屋で頂きました。

146 綾小路 唐津
アヤノコウジ カラツ

★★★☆☆
3.94

| GENRE 日本料理 | NEAREST STATION 京都府・四条 |

📞075-365-2227　京都府京都市下京区綾小路通新町西入ル矢田町113-1
💰￥13,200　🕐￥22,000〜

ファイブペンギンズ／大将の穏やかで優しい性格を表すように、どの料理もホッとするような優しい美味しさでした。

147 安久
アンキュウ

★★★★☆
4.18

| GENRE 日本料理 | NEAREST STATION 京都府・祇園四条 |

📞075-531-5999　京都府京都市東山区宮川筋3-283
🕐￥30,000〜￥39,999

Rのおいさん／大将や女将さん、お弟子さん達のホスピタリティも素晴らしくアットホームで楽しいひとときを過ごすことができました。

148 一子相伝 なかむら
イッシソウデン ナカムラ

★★★★☆
3.86

| GENRE 日本料理 | NEAREST STATION 京都府・京都市役所前 |

📞075-221-5511　京都府京都市中京区富小路御池下ル
💰￥20,000〜￥29,999　🕐￥30,000〜￥39,999

ぺーぱーかんぱにー／守り続けるべき伝統と、変化すべき伝統。お料理の真価とは何か。深く考えさせられる食体験でした。

149 御料理 樋渡
オリョウリ ヒワタシ

★★★★☆
3.95

| GENRE 日本料理 | NEAREST STATION 京都府・丸太町 |

📞075-229-6769　京都府京都市中京区東洞院通竹屋町下ル三本木5-496-2
💰￥18,000〜￥24,000　🕐￥24,000

みうっちょ／その味付けは研ぎ澄まされた刃の如く無駄な雑味を取り除き、素材そのものが持つ味わいを引き出す味わいが素晴らしい♫

150 御料理 光安
オリョウリ ミツヤス

★★★★☆
4.30

| GENRE 日本料理 | NEAREST STATION 京都府・二条 |

📞075-366-3138　京都府京都市上京区千本通丸太町上ル二筋目東入ル
🕐￥20,000〜￥29,999

Magiki／豪華な食材がふんだんに使用されているわけではなく　素朴な食材を中心に料理が構成されているように思えました。

151 割烹 八寸
カッポウ ハッスン

★★★★☆
4.24

| GENRE 日本料理 | NEAREST STATION 京都府・祇園四条 |

📞075-561-3984　京都府京都市東山区祇園末吉町95
◉￥10,000〜￥14,999　🌙￥20,000〜￥29,999

やっぱり蕎麦／京料理の伝統を丁寧に伝承し派手な食材は使用せず季節の野菜、魚を中心に提供。凛とした店内は居心地が良い。

152 祇園 大渡
ギオン オオワタリ

★★★★☆
4.29

| GENRE 日本料理 | NEAREST STATION 京都府・祇園四条 |

📞075-551-5252　京都府京都市東山区祇園町南側570-265
🕐￥30,000〜￥39,999

東行晋作／店主の大渡さんは巧みな料理の技量もさることながら、お客様を楽しませる最高のおもてなしで、いつも笑いと幸福感を与えてくれる。

153 ぎおん 阪川
ギオン サカガワ

★★★☆☆
4.18

| GENRE 日本料理 | NEAREST STATION 京都府・祇園四条 |

📞075-532-2801　京都府京都市東山区祇園町南側570-199
🕐￥20,000〜￥29,999

3298S／客に緊張を強いず、客に合わせる余裕があります。こういうお店こそ高級店でしょう。

154 祇園 さゝ木
ギオン ササキ

★★★★☆
4.33

| GENRE 日本料理 | NEAREST STATION 京都府・祇園四条 |

📞075-551-5000　京都府京都市東山区八坂通大和大路東入ル小松町566-27 ※リニューアル予定
◉￥22,000　🌙￥44,000(リニューアル後)

Swallow65894／大将が一番美味しいと感じるものしか出さないお店、肩肘張らずに　そのスタイルを楽しみたいですね！

155 祇園 にし
ギオン ニシ

★★★★☆
4.00

GENRE 日本料理	NEAREST STATION 京都府・祇園四条

📞075-532-4124　京都府京都市東山区月見町 21-2 1F
◉￥12,000〜　🕐￥20,000〜

ぺーぱーかんぱにー／お料理は、伝統的な日本料理をベースに随所に西大将のオリジナル性（中華や洋など）を強く感じるコース内容。

---

156 祇園 にしかわ
ギオン ニシカワ

★★★★☆
4.08

GENRE 日本料理	NEAREST STATION 京都府・祇園四条

📞075-525-1776　京都府京都市東山区下河原通八坂鳥居前下ル下河原町473
◉￥13,000〜　🕐￥26,000〜

オールバックGOGOGO／先付、お椀、お造り、、、、旬の厳選素材を次々と、まさに素晴らしい技術で味わえます、どれも圧巻の旨さになります。

---

157 祇園 又吉
ギオン マタヨシ

★★★★☆
4.07

GENRE 日本料理	NEAREST STATION 京都府・祇園四条

📞075-551-0117　京都府京都市東山区祇園町南側570-123
◉￥15,000〜￥19,999　🕐￥40,000〜￥49,999

東行晋作／『又吉』の料理は、素材が持つ良さを最大限に引き出し、シンプルではあるが独創性のある料理を美味しく食べさせてくれる。

---

158 菊乃井 本店
キクノイ ホンテン

★★★★☆
4.00

GENRE 日本料理	NEAREST STATION 京都府・東山

📞075-561-0015　京都府京都市東山区下河原通八坂鳥居前下ル下河原町459
◉￥17,000〜￥64,000　🕐￥25,300〜￥64,000

drkck／料理はどれも上質でそつなく美味しいです。村田さんは研究熱心で新作料理などもよく作られていると。

---

159 京都吉兆 嵐山本店
キョウトキッチョウ アラシヤマホンテン

★★★★☆
4.16

GENRE 日本料理	NEAREST STATION 京都府・嵐山

📞075-881-1101　京都府京都市右京区嵯峨天龍寺芒ノ馬場町58
◉￥60,000〜　🕐￥60,000〜

ぺーぱーかんぱにー／豊かな気持ちになるお店です。お料理に関しては、総じて美味しいです。特に、八寸のパフォーマンスは吉兆ならでは。

160 高台寺和久傳
コウダイジ ワクデン

★★★★☆
4.26

| GENRE 日本料理 | NEAREST STATION 京都府・祇園四条 |

📞075-533-3100　京都府京都市東山区高台寺北門前鷲尾町512
🌓￥33,000〜　🌙￥44,000〜

Lady hana／お料理は王道でシンプルですが火入れも絶妙で全部美味しい！雰囲気、味、ホスピタリティと全てが揃っていて特別な時間を過ごせます。

161 御幸町 田がわ
ゴコウマチ タガワ

★★★★☆
4.06

| GENRE 日本料理 | AREA 京都府・京都市役所前 |

📞075-708-5936　京都府京都市中京区夷川通御幸町西入松本町575-1
🌙￥20,000〜￥29,999

ingridb／割烹様式で八寸を作り込む手数の多さ。派手では無く、きっちり仕事をやってくる田川さん。

162 魚菜料理 縄屋
サカナリョウリ ナワヤ

★★★★☆
4.23

| GENRE 日本料理 | AREA 京都府・京丹後市 |

📞0772-65-2127　京都府京丹後市弥栄町黒部2517
🌓￥15,000〜￥19,999　🌙￥15,000〜￥19,999

ファイブペンギンズ／地産地消の魚や大将のお母様が育てておられる新鮮な野菜を使った、とても滋味深く優しくヘルシーな料理です。

163 山玄茶
サンゲンチャ

★★★★☆
4.24

| GENRE 日本料理 | NEAREST STATION 京都府・祇園四条 |

📞075-533-0218　京都府京都市東山区祇園町北側347-96
🌓￥8,000〜￥9,999　🌙￥20,000〜￥29,999

オールバックGOGOGO／テキパキと、旬の厳選素材を活かした料理が次々と、、どれも美味しく素晴らしい完成度の高さです

164 旬席 鈴江
シュンセキ スズエ

★★★★☆
4.47

| GENRE 日本料理 | NEAREST STATION 京都府・東山 |

📞075-771-7777　京都府京都市左京区岡崎円勝寺町58-1
🌙￥60,000〜￥79,999

3298S／食材の良さをストレートに引き出している料理です。シンプルに感じる料理が多いですが、必要な手間は惜しんでないことが伝わってきます。

165 炭火割烹 いふき
スミビカッポウ イフキ

★★★★☆
4.26

GENRE 日本料理 | NEAREST STATION 京都府・祇園四条

📞075-525-6665　京都府京都市東山区祇園町南側570-8
💰¥20,000〜¥29,999

ファイブペンギンズ／魚も肉も炭火で炙りを入れることで、旨みが凝縮するのは本当です。火入れの具合の名人芸を見せてもらいました。

166 杣 SEN
セン

★★★★☆
3.96

GENRE 日本料理 | NEAREST STATION 京都府・五条

📞075-361-8873　京都府京都市下京区五条通柳馬場通上ル塩竈町379
💰¥15,000〜¥19,999　💰¥20,000〜¥29,999

7070JAZZ／丹後半島から直送される魚介や京野菜など地物を使って季節感を大事にしたお料理。更に、大原から運んだ水を使うという念の入れよう。

167 大市
ダイイチ

★★★★☆
3.86

GENRE 日本料理 | NEAREST STATION 京都府・北野白梅町

📞075-461-1775　京都府京都市上京区六番町364
💰¥20,000〜¥29,999　💰¥20,000〜¥29,999

IKKO'S FILMS／すっぽんの出汁、醤油、酒のみで作られたスープはしっかりとした動物系の土台と旨味を感じさせる。

168 二条城ふる田
ニジョウジョウフルタ

★★★★☆
3.88

GENRE 日本料理 | NEAREST STATION 京都府・二条城前

📞075-254-8377　京都府京都市中京区押小路通小川西入ル古城町371
💰¥20,000〜¥29,999　💰¥30,000〜¥39,999

Shinnosuke3023／力強さを感じるお皿は繊細さと大胆な組み合わせでオリジナリティを感じるものでした。

169 東山 緒方
ヒガシヤマ オガタ

★★★★☆
4.06

GENRE 日本料理 | NEAREST STATION 京都府・東山

📞075-771-0011　京都府京都市左京区岡崎円勝寺町91-5 眞松庵 1F　💰¥30,000〜（松茸・蟹シーズンのみ¥50,000〜）

ふひと@広島／旬の極み食材と厳選された食材を組み合わせ、緒方流の仕込みで満足度が高い仕上がりだと思います。

170 | 東山 吉寿
ヒガシヤマ ヨシヒサ

★★★★☆ 4.20

| GENRE 日本料理 | NEAREST STATION 京都府・清水五条 |

📞075-748-1216　京都府京都市東山区妙法院前側町422
🍽 ¥10,000〜¥14,999　🌙¥30,000〜¥39,999

parisjunko／四季折々の季節感溢れる独創的な料理は、毎月コンセプトを変えて、ゲストを愉しませてくれます。

171 | 瓢亭 本店
ヒョウテイ ホンテン

★★★★☆ 4.19

| GENRE 日本料理 | NEAREST STATION 京都府・蹴上 |

📞075-771-4116　京都府京都市左京区南禅寺草川町35
🍽 ¥31,624〜¥44,275　🌙¥31,624〜¥44,275

ぺーぱーかんぱにー／お料理は全体的に薄味で優しい味わい。建物やお庭などはとても風情があり、まるで重要文化財で食事をしている気分に。。

172 | 和ごころ 泉
ワゴゴロ イズミ

★★★★☆ 3.91

| GENRE 日本料理 | NEAREST STATION 京都府・四条 |

📞075-351-3917　京都府京都市下京区烏丸仏光寺東入ル一筋目南入ル匂天神町634-3
🍽 ¥6,000〜¥7,999　🌙¥15,000〜¥29,999

黄色のたぬき／料理は出汁の旨みを活かし、さっぱり食べられる工夫がされています。食べ疲れしないのも魅力。

173 | 緒乃
オノ

★★★★☆ 4.05

| GENRE 日本料理 | NEAREST STATION 大阪府・北新地 |

📞06-6341-8171　大阪府大阪市北区曽根崎新地1-2-22 北リンデンビル6F
🍽 ¥30,000〜¥39,000　🌙¥30,000〜¥39,000

♡みぃみの365日♡／日本料理の基本をリスペクトしつつ独創性や遊び心を織り込み、ここでしか食べられない珠玉の数々。

174 | 柏屋 大阪千里山
カシワヤ オオサカセンリヤマ

★★★★☆ 3.95

| GENRE 日本料理 | NEAREST STATION 大阪府・関大前 |

📞06-6386-2234　大阪府吹田市千里山西2-5-18
🍽 ¥17,600〜　🌙¥22,000〜

セルジ／すばらしい和のおもてなしを受ける。サービスの方がおっしゃることが和の風流な教養に満ちていて、知らない世界を垣間見る。

175 日本料理 是しん
ニホンリョウリ ゼシン

★★★☆☆
3.89

GENRE 日本料理 | NEAREST STATION 大阪府・大江橋

📞06-6364-0118 大阪府大阪市北区西天満
2-9-3 西天満ロイヤービルB1F
💰￥8,000〜￥9,999 🕐￥15,000〜￥19,999

オールバックGOGOGO／旬の素材を丁寧に、とても美味しくいただけます。綺麗な八寸からは、まさに技術の高さが伝わります。とても良いですね。

176 もめん

★★★★☆
4.07

GENRE 日本料理 | NEAREST STATION 大阪府・心斎橋

📞06-6211-2793 大阪府大阪市中央区心斎橋筋
2-1-3
🕐￥20,000〜￥29,999

drkck／こういうご飯毎日食べたいなーの究極版。重たすぎず軽すぎず、まさに中庸。過ぎたるは及ばざるが如し。もめんはそういうお店です。

177 こにし家
コニシヤ

★★★★☆
4.03

GENRE 日本料理 | NEAREST STATION 兵庫県・三田

📞0795-63-5248 兵庫県三田市三輪1-13-28
💰￥20,000〜￥29,999 🕐￥20,000〜￥29,999

pateknautilus40／一見家庭的に見えるのですが、食べてみるととても美味しくてちゃんとツボを押さえております。

178 奈良 而今
ナラ ニコン

★★★★☆
4.10

GENRE 日本料理 | NEAREST STATION 奈良県・近鉄奈良

📞0742-31-4276 奈良県奈良市鍋屋町3
🕐￥16,000〜￥19,999

みうっちょ／日本料理のお手本のような丁寧な料理は季節感を大切にした優しい味わいが特徴的、、

179 召膳 無苦庵
シゼン ムクアン

★★★★☆
4.21

GENRE 日本料理 | NEAREST STATION 和歌山県・紀伊田辺

📞0739-26-5600 和歌山県田辺市高雄2-16-30
💰￥15,000〜￥60,000 🕐￥15,000〜￥60,000

Hiro45316／好き勝手にコースが組めるのが楽しい。マニアックな食材でコースが組めてしまう稀有な店舗でしょう。

180 季節料理 なかしま
キセツリョウリ ナカシマ

★★★★☆
3.99

GENRE 日本料理

NEAREST STATION 広島県・白島

📞082-225-3977　広島県広島市中区東白島町10-4 TOHAKUビル1F
🌙￥15,000〜￥19,999

Rのおいさん／こだわり尽くされた器とシンプルですが素材の良さを最大限に引き出した季節感あふれる絶品料理。

---

181 料理屋そうびき
リョウリヤソウビキ

★★★★☆
4.07

GENRE 日本料理

NEAREST STATION 広島県・西条

📞080-1645-3185　広島県東広島市西条岡町10-24 第10内海ビル3F
◐￥20,000〜￥30,000　🌙￥20,000〜￥30,000

グルメマニア男2020／寡黙で実直な大将がもてなす絶品お料理の数々。そして、器にもかなりのこだわりを感じました。

---

182 田中旅館
タナカリョカン

★★★☆☆
3.78

GENRE 日本料理

AREA 山口県・熊毛郡

📞0820-62-0017　山口県熊毛郡上関町大字長島434-7
◐￥30,250〜　🌙￥30,250〜

phili204／本場でしか味わえない本物の河豚の味を存分に堪能できました。ご馳走様でした。

---

183 井本
イモト

★★★★☆
4.01

GENRE 日本料理

NEAREST STATION 福岡県・薬院大通

📞092-753-7125　福岡県福岡市中央区薬院4-15-29 香ビル1-2
◐￥20,000〜￥29,999　🌙￥20,000〜￥29,999

オールバックGOGOGO／先付、前菜、お椀、お造り、揚げ物、煮物…まさに王道の日本料理を味わえます

---

184 お料理 佐藤
オリョウリ サトウ

★★★★☆
4.05

GENRE 日本料理

NEAREST STATION 福岡県・小倉

📞050-3183-7677　福岡県北九州市小倉北区京町3-5-7 KSKコアビル1F
◐￥20,000〜￥29,999　🌙￥20,000〜￥29,999

ぺーぱーかんぱにー／お料理は時代に迎合した華美なものではなく、佐藤大将のお人柄が写しだされたような誠実で丁寧な日本料理。

185 御料理 まつ山
オリョウリ マツヤマ

★★★★☆
4.36

| GENRE 日本料理 | NEAREST STATION 福岡県・黒崎 |

📞093-642-2278　福岡県北九州市八幡西区藤田2-1-10
◉¥20,000～¥29,999　🌙¥20,000～¥29,999

Shinnosuke3023／大将の食に対する探究心、好奇心が素晴らしい料理を作り出しているお店です。

186 馳走なかむら
チソウナカムラ

★★★☆☆
3.96

| GENRE 日本料理 | NEAREST STATION 福岡県・中洲川端 |

📞092-292-7663　福岡県福岡市博多区対馬小路2-10
◉¥20,000～¥30,000　🌙¥30,000～¥40,000

Lady hana／使ってる器や器に添えてある紅葉やイチョウの葉など目でも季節が感じられ、栗やむかごや秋鮭などの食材でも季節を満喫出来ます。

187 嗣味
ツグミ

★★★★☆
4.01

| GENRE 日本料理 | NEAREST STATION 福岡県・渡辺通 |

📞092-401-1819　福岡県福岡市中央区高砂1-6-6 サンクス高砂1F
🌙¥20,000～¥29,999

ふひと＠広島／九州の食材を使って京都で磨いた技を揮う、伝統を意識しつつも、感性の煌めきを感じさせる構成。

188 日本料理 TOBIUME
ニホンリョウリ トビウメ

★★★★☆
4.31

| GENRE 日本料理 | NEAREST STATION 福岡県・本城 |

📞080-4696-1369　福岡県北九州市八幡西区千代ヶ崎3-14-11
◉¥20,000～¥29,999　🌙¥20,000～¥29,999

みつごとうさん／日本酒ペアリングは日本最高☆同時にお料理も極めて独創的で でも基本をちゃんと押さえてらっしゃる。素晴らしかったです(^.^)

189 草庵 鍋島
ソウアン ナベシマ

★★★★☆
4.15

| GENRE 日本料理 | NEAREST STATION 佐賀県・肥前浜 |

📞0954-60-4668　佐賀県鹿島市浜町乙2420-1
🌙¥20,000～¥29,999

黄色のたぬき／心地よい空間で「石かわ」出身の西村氏による旬の料理を「鍋島」と共に楽しめます。

190 味 あら井
アジ アライ

★★★★☆ 4.14

| GENRE 日本料理 | NEAREST STATION 大分県・中津 |

📞0979-23-5550　大分県中津市上博多町2001
🕐￥16,500〜￥19,900

ファイブペンギンズ／それぞれが選び抜かれた食材を最高の料理法で素晴らしい逸品料理に仕上げてくれる大将。

191 料亭 やまさ旅館
リョウテイ ヤマサリョカン

★★★★☆ 4.10

| GENRE 日本料理 | AREA 大分県・宇佐市 |

📞0978-44-0002　大分県宇佐市安心院町下毛1785
◉￥5,000〜￥5,999　🕐￥15,000〜￥19,999

Rのおいさん／すっぽんのお刺身、絶品でした。お刺身や鍋の人参、お皿や器にいたるまで全てすっぽん！まさにすっぽん尽くし。

192 妙見石原荘 食菜石蔵
ミョウケンイシハラソウ ショクサイイシクラ

★★★☆☆ 3.94

| GENRE 日本料理 | NEAREST STATION 鹿児島県・隼人 |

📞0995-77-2111　鹿児島県霧島市隼人町嘉例川4376
◉￥6,999〜　🕐￥20,000〜

ひろえBANANA／ベースは和食ですが郷土料理のテイストが随所に盛り込まれており、旅行者としてはテロワールを感じる嬉しい内容となっています。

193 鮨菜 和喜智
スシサイ ワキチ

★★★★☆ 4.30

| GENRE 寿司 | NEAREST STATION 北海道・円山公園 |

📞011-640-3768　北海道札幌市中央区南二条西25-1-22
🕐￥30,000〜￥39,999

みうっちょ／和喜智さんで頂いた北海道で採れる魚介類の美味しさと云ったら次元の違う別物…

194 鮨処 有馬
スシドコロ アリマ

★★★★☆ 4.05

| GENRE 寿司 | NEAREST STATION 北海道・狸小路 |

📞011-215-0998　北海道札幌市中央区南三条西4 南3西4ビル4F
🕐￥20,000〜￥29,999

美味しい弁護士／物静かな雰囲気ですが、一品、一品に技術が詰まっています。本当に、どれもこれも、素材の味を最大限に活かす構成です。

195 | 鮨ノ蔵
スシノクラ

★★★☆☆
3.97

| GENRE 寿司 | NEAREST STATION 北海道・狸小路 |

📞080-3296-0202　北海道札幌市中央区南二条西4 乙井ビルB1F
💰￥15,000〜￥19,999

さりママ812／鮨ノ蔵さんといえば『半田ゴテ火入り槍烏賊』と『白子』が絶品　大将の細かい包丁捌きが見事である

196 | 鮨みなと
スシミナト

★★★★☆
4.02

| GENRE 寿司 | NEAREST STATION 北海道・旭川 |

📞0166-22-7722　予約受付時間：12:00〜15:00
北海道旭川市三条通5-左9
💰￥15,000〜￥19,999

百川 茂左衛門／握りに到達するまで、つまみの数々。握りも分量たっぷり。道産食材を中心に使いつつも、全国の旬の魚介を取り入れている。

197 | すゝき野 鮨金
ススキノ スシキン

★★★☆☆
3.94

| GENRE 寿司 | NEAREST STATION 北海道・すすきの |

📞011-251-9521　北海道札幌市中央区南四条西4-4-7 松岡ビル1F
💰￥20,000〜￥29,999

kevche1／シャリは酢をブレンドしたものですが、赤酢が主体になっているように感じましたね〜ネタのチョイスとのバランスもよかったです。

198 | 鮨駒
スシコマ

★★★★☆
4.13

| GENRE 寿司 | NEAREST STATION 秋田県・羽後本荘 |

📞0184-23-5511　秋田県由利本荘市桶屋町120
◉￥10,000〜￥14,999　💰￥15,000〜￥19,999

村ログ／東北地物の魚介や貝類を使い一工夫を加えることで、王道の江戸前鮨とは一線を画して完成された「地方鮨」です。

199 | 鮨 いとう
スシイトウ

★★★★☆
4.04

| GENRE 寿司 | NEAREST STATION 福島県・いわき |

📞0246-35-7066　福島県いわき市平字南町73
💰￥20,000〜￥29,999

フラワ田／いわきの名店。握りを食べて貰いたいとの思いからつまみは少なめ。まずここはネタが抜群にいい。

200 | 小判寿司
コバンズシ

★★★★☆
4.14

GENRE 寿司 | **NEAREST STATION** 福島県・中豊

☎0247-33-7337　福島県東白川郡棚倉町大字棚倉字古町30-2
◉¥6,000〜¥7,999　🕐¥15,000〜¥19,999

ファイブペンギンズ／海辺の町でなくともこんな美味しいお寿司が握れる大将は最強です。

---

201 | 鮨おばな
スシオバナ

★★★★☆
4.14

GENRE 寿司 | **NEAREST STATION** 群馬県・館林

☎0276-72-1604　群馬県館林市大手町5-1
◉¥20,000〜¥29,999　🕐¥20,000〜¥29,999

Lady hana／シャリはお米の芯が残ってるか残ってないかくらいの硬めでアルデンテなんですが嫌な感じが全くなく面白い。この絶妙な炊き加減はお見事。

---

202 | 寿司栄
スシエイ

★★★★☆
4.13

GENRE 寿司 | **NEAREST STATION** 千葉県・西千葉

☎043-215-7588　千葉県千葉市中央区春日2-9-15 クレールマロニエ101
🕐¥30,000〜¥39,999

クリスティアーノ・メッシ81311／佐藤氏の閃きから生まれる"唯一無二"を極める驚きの組み合わせを御堪能あれ！

---

203 | いちかわ

★★★★☆
4.03

GENRE 寿司 | **NEAREST STATION** 東京都・白金高輪

☎非公開　東京都港区南麻布2-10-13
OJハウス101
🕐¥42,000〜

工藤明生 本物／市川大将は鮪に強い拘りを持たれており、界隈では誰もが知る、鮪の寿司の一番手です。

---

204 | 海味
ウミ

★★★☆☆
3.99

GENRE 寿司 | **NEAREST STATION** 東京都・外苑前

☎03-3401-3368　東京都港区南青山3-2-8
三南ビル1F
◉¥19,800〜　🕐¥20,000〜¥29,999

美味しい弁護士／赤身、中トロ、大トロの3連発は、切り口、シャリとネタの一体感も含め、本当に満足度高かったです。

205 | 紀尾井町 三谷
キオイチョウ ミタニ

★★★★☆ 3.94

GENRE　寿司 | NEAREST STATION　東京都・永田町

📞03-6256-9566　東京都千代田区紀尾井町 1-2 紀尾井テラス 3F
◎ ¥ 32,000〜¥ 50,000　🌙 ¥ 32,000〜¥ 50,000

ぺぴどん／素材の質感を生かしつつ、足らないものを掛け合わせて作られる絶妙な着地点。このバランス感、好みです。

206 | きよ田
キヨタ

★★★★☆ 4.20

GENRE　寿司 | NEAREST STATION　東京都・銀座

📞03-3572-4854　東京都中央区銀座 6-3-15
◎ ¥ 35,000〜¥ 59,999　🌙 ¥ 50,000〜¥ 59,999

Zマックス／特にマグロ全般が美味しかったです。歴史がある正統派江戸前鮨のきよ田にお邪魔できてよかったです。

207 | すし匠 齋藤
スシショウ サイトウ

★★★★☆ 3.98

GENRE　寿司 | NEAREST STATION　東京都・赤坂見附

📞03-3505-6380　東京都港区赤坂 4-2-2 DNプラザビル 2F
🌙 ¥ 30,000〜¥ 39,999

ろでーぬ／突然結論から言ってしまうと素晴らしく美味しく満足度の高いお店でした(´艸｀)

208 | 鮨 すが弥
スシ スガヤ

★★★★☆ 4.22

GENRE　寿司 | NEAREST STATION　東京都・赤羽橋

📞03-6230-9545　東京都港区東麻布 1-29-15 東麻布296ビル 1F
◎ ¥ 50,000〜¥ 59,999　🌙 ¥ 50,000〜¥ 59,999

JoeColombia／素材の味を最大限引き出す寝かせかたや最低限の味付け、そして腹八分目で何度行っても絶対に飽きないシンプルで研ぎ澄まされた構成。

209 | 鮨 とかみ
スシトカミ

★★★★☆ 4.04

GENRE　寿司 | AREA　東京都・銀座

📞03-3571-6005　東京都中央区銀座 8-2-10 銀座誠和シルバービルB1F
◎ ¥ 10,000〜¥ 14,999　🌙 ¥ 30,000〜¥ 39,999

食いだおれリーマン／赤身漬け、中トロ、大トロの鮪3連続は圧巻です。これを食べにきたようなものかなと。最高に美味しい！

210 鮨 由う
スシ ユウ

★★★☆☆
3.95

| GENRE 寿司 | NEAREST STATION 東京都・六本木 |

📞03-3404-1134　東京都港区六本木4-5-11
ランド六本木ビルB1F
💰￥20,000～￥29,999　🕐￥20,000～￥29,999

parisjunko／素の味を大切にした食材使い、技と手間隙がしっかり掛けられた逸品。気さくな大将とのコミュニケーションもご馳走。

211 はっこく

★★★★☆
4.17

| GENRE 寿司 | NEAREST STATION 東京都・銀座 |

📞03-6280-6555　東京都中央区銀座6-7-6
ラペビル3F
💰￥23,000～￥39,999

nao...／佐藤さんの鮨の魅力は、なんといっても有名鮪卸問屋「やま幸」から仕入れる鮪とそれに合わせた力強い赤酢のシャリ。

212 初音鮨
ハツネスシ

★★★★☆
4.37

| GENRE 寿司 | NEAREST STATION 東京都・蒲田 |

📞03-3731-2403　東京都大田区西蒲田5-20-2
💰￥66,000～

KENタロウ／極上のネタを駆使した、唯一無二の寿司ストーリーは非常に美味しく、大満足です。

213 波濤
ハトウ

★★★★☆
4.08

| GENRE 寿司 | NEAREST STATION 東京都・牛込神楽坂 |

📞050-3138-5225　東京都新宿区神楽坂5-7
💰￥30,000～￥39,999　🕐￥30,000～￥39,999

中目のやっこさん／握りは米酢と赤酢をブレンドし、終始、酸味の立ち上がりを感じられてネタの味を膨らませる印象。

214 なか條
ナカジョウ

★★★☆☆
3.95

| GENRE 寿司 | NEAREST STATION 神奈川県・関内 |

📞045-671-9300　神奈川県横浜市中区住吉町
3-29 関内住吉ビル1F
💰￥40,000～￥49,999

IKKO'S FILMS／出てくる食材は全てがスペシャリテ。ここまで鮮烈な素材の香りと味わいに慣れてしまうと他で食べられなくなる危険性がある。

215 兄弟寿し
キョウダイスシ

| GENRE 寿司 | NEAREST STATION 新潟県・新潟 |

📞025-224-9581 新潟県新潟市中央区古町通9番町1461-1 坂上ビル1F
💰¥18,700~¥25,000

東西雅／最初から最後まで新潟を満喫出来ました。新潟県でお寿司を食べるなら絶対に兄弟寿司さんに行った方が良いと思います。

216 鮨 登喜和
スシトキワ

★★★★☆
4.09

| GENRE 寿司 | NEAREST STATION 新潟県・新発田 |

📞0254-22-3358 新潟県新発田市中央町3-7-8
🍽¥10,000~¥14,999 🌙¥15,000~¥19,999

百川茂左衛門／新発田の人気老舗町寿司。全国から食通が集まるお店に変えたのは現在の大将。出てくるネタは県内のものだけ、地物で勝負している。

217 鮨し人
スシジン

★★★★☆
4.23

| GENRE 寿司 | NEAREST STATION 富山県・西中野 |

📞076-422-0918 富山県富山市新根塚町3-5-7
🍽¥8,000~¥15,000 🌙¥20,000~¥29,999

kenolog／地元の新鮮なネタにこだわっているので、ここでしか食べられないという特別感もいいです。

218 鮨 大門
スシ ダイモン

★★★☆☆
3.95

| GENRE 寿司 | NEAREST STATION 富山県・魚津 |

📞0765-32-5868 富山県魚津市釈迦堂1-2-3
💰¥15,000~¥20,000

あまいもも明美／物腰柔らかい大将が迎えてくれます。幸。地物から、取り寄せまで、素晴らしいお魚が提供されます。

219 鮨木場谷
スシキバタニ

★★★☆☆
3.99

| GENRE 寿司 | NEAREST STATION 石川県・北鉄金沢 |

📞076-256-1218 石川県金沢市彦三町1-8-26 1F
💰¥25,000

coccinellaさん／地元北陸の旬魚の生かし方を知り尽くした店主さん、江戸前の技が光る「能登前鮨」でした♪

220 鮨旬美西川
スシシュンビニシカワ

★★★★☆
4.11

| GENRE 寿司 | NEAREST STATION　愛知県・名古屋 |

📞090-2183-4927　愛知県名古屋市中村区名駅
2-29-19
◎¥ 15,000～¥ 19,999　🕐¥ 20,000～¥ 29,999

ドクターSS／つまみはどれもなかなかのものだし、握りも「名古屋前」のシャリと上質なネタを合わせて独自の味を作り出していた。

221 寿し道 桜田
スシミチ サクラダ

★★★★☆
4.02

| GENRE 寿司 | NEAREST STATION　愛知県・久屋大通 |

📞052-951-8757　愛知県名古屋市中区丸の内
3-10-29
◎¥ 15,000～¥ 19,999　🕐¥ 30,000～¥ 39,999

Suekkss／赤酢のコクと香りが芳醇で抜群に美味い。愛知単体ではなく、東海エリア全体から素材を結集させている辺りもポイント高いです。

222 こま田
コマダ

★★★★☆
4.09

| GENRE 寿司 | NEAREST STATION　三重県・伊勢市 |

📞0596-28-7747　三重県伊勢市河崎2-14-18
🕐¥ 30,000～¥ 39,999

ぺーぱーかんぱにー／お寿司は、正統派の江戸前寿司。握りの見た目も綺麗でとても丁寧な仕事をされている印象。

223 尽誠
ジンセイ

★★★★☆
4.25

| GENRE 寿司 | NEAREST STATION　大阪府・心斎橋 |

📞090-8124-5536　大阪府大阪市中央区心斎橋
筋2-1-3
◎¥ 40,000～¥ 49,999　🕐¥ 40,000～¥ 49,999

藤崎まり子／学生時に野球一筋に打ち込んできた情熱が 今では最高の鮨を提供することに集中され全国に根強いファンがいるのも納得の握り。

224 鮨 おおが
スシ オオガ

★★★★☆
4.41

| GENRE 寿司 | AREA　大阪府・宿院 |

📞072-221-1818　大阪府堺市堺区大町東1-2-7
🕐¥ 30,000～¥ 39,999

みうっちょ／ネタとシャリがバランス良く混じり合い～口の中に産み出される新たな美味しさの世界を体感する瞬間がここにあります d(￣￣)

225 | 寿し おおはた
スシ オオハタ

★★★★☆
4.04

| GENRE 寿司 | NEAREST STATION 大阪府・北新地 |

📞070-3842-4261　大阪府大阪市北区堂島1-4-8
廣ビル2F
🕐¥23,000〜

よく食べる人。／カウンターはもはやプラチシート
この日も移ろう『季節』『旬』の儚さ・美しさを五感
で味わってきました

226 | 鮨 三心
スシ サンシン

★★★★☆
4.28

| GENRE 寿司 | NEAREST STATION 大阪府・谷町六丁目 |

📞06-6767-0677　大阪府大阪市中央区内久宝
寺町2-7-14
◉¥20,000〜¥29,999

藤崎まり子／凛とした握りには誤魔化しがないので
す、本当にいつも全力投球しているから素敵。

227 | 弥助
ヤスケ

★★★☆☆
3.95

| GENRE 寿司 | NEAREST STATION 大阪府・宿院 |

📞072-221-3355　大阪府堺市堺区大町東1-1-18
◉¥9,000〜¥15,000　🕐¥20,000〜¥29,999

カイトーベン／様々なネタに合わせられるような決
してキツくはない優しい酢飯、個人的に好きです

228 | すし うえだ

★★★★☆
4.03

| GENRE 寿司 | NEAREST STATION 兵庫県・元町 |

📞078-515-6655　兵庫県神戸市中央区中山手通
3-2-1 トア山手ザ神戸タワー112
◉¥20,000〜¥29,999　🕐¥20,000〜¥29,999

Rのおいさん／シャリは赤酢のブレンドですが酸味
はまろやか、鮨下駄に置いた瞬間ふわ〜っとネタが
沈んでゆく素晴らしい握りです。

229 | 寿志 城助
スシ ジョウスケ

★★★★☆
4.22

| GENRE 寿司 | NEAREST STATION 兵庫県・三ノ宮 |

📞078-272-1001　兵庫県神戸市中央区北野町
2-1-10 黄能ハウス 1F
🕐¥15,000〜¥19,999

あみはっち／ここにくれば美味しい鮨が必ず食べら
れる。そんな安心感のあるお店です。次どんなもの
が食べられるか期待が膨らみます。

230 鮨 縁
スシ エン

★★★★☆
4.10

GENRE 寿司 | NEAREST STATION 岡山県・西川緑道公園

📞086-232-8168　岡山県岡山市北区平和町3-11
つるベマンション 1F
🕐￥20,000～￥29,999

みうっちょ／適度に酸味の効いたシャリとネタとの相性がすこぶる良くとても美味しいd(￣￣)

231 すし処 ひさ田
スシドコロ ヒサダ

★★★★☆
4.39

GENRE 寿司 | AREA 岡山県・赤磐市

📞非公開　岡山県赤磐市桜が丘西9-1-4
◎￥40,000～￥49,999　🕐￥40,000～￥49,999

みつごとうさん／きうとひさ田のどちらも訪問する度に久田さんの多才な才能、多岐にわたる料理の奥深さにそのたび驚いてしまいます。

232 我逢人
ガホウジン

★★★★☆
4.04

GENRE 寿司 | NEAREST STATION 福岡県・中州川端

📞092-731-2259　福岡市中央区西中洲
3-20 LANE ラウンドビル 3F
◎￥20,000～￥29,999　🕐￥30,000～￥39,999

JoeColombia／お弟子さんのお店でこのレベルの高さですからね、有名な「鮨さかい」さんは一体どんだけすごいんだろう・・・。

233 菊鮨
キクズシ

★★★★☆
4.32

GENRE 寿司 | NEAREST STATION 福岡県・大野城

📞092-575-0718　福岡県春日市春日公園3-51-3
◎￥20,000～￥29,999　🕐￥20,000～￥29,999

7070JAZZ／いつもながら熟成されたような香りながら硬めのシャリがたち、口にいれるとホロリと崩れる絶妙なバランスが心地良い。

234 枯淡
コタン

★★★★☆
4.00

GENRE 寿司 | NEAREST STATION 福岡県・桜坂

📞092-600-9478　福岡県福岡市中央区桜坂
1-5-15
◎￥11,000～￥29,9999　🕐￥22,000～￥29,999

IKKO'S FILMS／扱うネタは主に九州のものを。一部は豊洲から。だけど握りはガチガチの江戸前。

235 | 鮨 おさむ
スシ オサム

★★★☆☆
3.96

GENRE 寿司 | AREA 福岡県・福岡市

📞092-511-2288　福岡県福岡市南区長住5-16-10
◉¥7,700　🕐¥22,000

ファイブペンギンズ／謙虚すぎる大将の、商売に対する真摯な姿勢を思い知らされたのでした。

236 | 鮨 行天
スシ ギョウテン

★★★★☆
4.32

GENRE 寿司 | NEAREST STATION 福岡県・薬院

📞092-521-2200　福岡県福岡市中央区平尾
1-2-12 井上ビル1F
🕐¥46,200〜

藤崎まり子／一切の妥協を許さない真摯な姿勢の大将も好き、久しぶりに感動しましたよ、行天、凄いお店です。

237 | 照寿司
テルズシ

★★★★☆
4.28

GENRE 寿司 | NEAREST STATION 福岡県・小倉

📞090-9567-2202　福岡県北九州市戸畑区菅原
3-1-7
◉¥38,500〜　🕐¥38,500〜

アキタン34／エンターテイメントが素敵ですが、料理の味も素敵です。実力があってのエンターテイメントだから世界中から愛されるんですね。

238 | 鮨処 つく田
スシドコロ ツクタ

★★★☆☆
3.86

GENRE 寿司 | NEAREST STATION 佐賀県・唐津

📞0955-74-6665　佐賀県唐津市中町1879-1
◉¥10,000〜¥14,999　🕐¥20,000〜¥29,999

トモサク／全体的にネタは厚め、シャリは硬めで、口に入れた時のほどける感じよりは、しっかり噛み締めて旨味を引き出す鮨。

239 | 鮨 仙八
スシ センパチ

★★★★☆
4.01

GENRE 寿司 | NEAREST STATION 熊本県・花畑町

📞096-322-9955　熊本県熊本市中央区花畑町
13-24 花畑ビルB1F
◉¥10,000〜¥14,999　🕐¥20,000〜

S.Y Nのグルメ日記／メインの漬けマグロと、中トロは酢飯の酸味がまろやかに感じるほど、濃厚でいつまでも後味が残る美味しさ。

240 一心鮨 光洋
イッシンズシ コウヨウ

★★★★☆
4.14

| GENRE 寿司 | NEAREST STATION 宮崎県・宮崎 |

📞0985-60-5005　宮崎県宮崎市昭和町21
🍴¥10,000〜¥15,000　🍶¥30,000〜¥40,000

Rのおいさん／見ただけで絶対美味しいと確信できる美しい握りの数々。シャリは赤酢を使用していますが酸味はマイルド。

241 ひとつ

★★★★☆
4.06

| GENRE 寿司 | NEAREST STATION 宮崎県・宮崎 |

📞090-2113-0111　宮崎県宮崎市橘通東3-4-3
Bricks MBビル1F
🍴¥8,000〜¥9,999　🍶¥15,000〜¥19,999

サンショウマン／お鮨は白酢でシャリが固めで小ぶりで美味しかったです！特にいな鯖炙り海苔巻きは秀逸ですね！

242 鮨匠 のむら
スシショウ ノムラ

★★★★☆
4.38

| GENRE 寿司 | NEAREST STATION 鹿児島県・天文館通 |

📞099-226-1210　鹿児島県鹿児島市松原町
6-2 松原ハイツ1F
🍶¥30,000〜¥39,999

ふひと@広島／舌に載せ3〜5秒ホールドしてじっくりと味わいつつ、盛り込まれた機微を楽しみます。美味しさに打ち震えました。

243 天ぷらあら木
テンプラアラキ

★★★★☆
4.04

| GENRE 天ぷら | NEAREST STATION 北海道・すすきの |

📞011-552-5550　北海道札幌市中央区南七条
西4 延寿堂1F
🍶¥20,000〜

ろでーぬ／個人的にはコスパも含めると日本最強の天ぷらだと思う店(´艸｀)大将のトークもそうですがやはり美味しさが素晴らしいですね！

244 秋田 てんぷら みかわ
アキタ テンプラ ミカワ

★★★★☆
4.07

| GENRE 天ぷら | NEAREST STATION 秋田県・秋田 |

📞018-807-4627　秋田県秋田市大町4-4-4
🍴¥15,000〜¥19,999　🍶¥15,000〜¥19,999

parisjunko／なんて油が軽くて美味しいんだろうという感動と共に、若い女将の涙が出る位の温かい対応をしてくださり、より深い感動を覚えました。

245 | 天ぷら もっこす
テンプラ モッコス

★★★★☆
4.06

GENRE 天ぷら | NEAREST STATION 群馬県・高崎

📞027-395-8807　群馬県高崎市中大類町426-7
🕐￥30,000〜￥35,000

pateknautilus40／天ぷらは、拘りの食材を拘りの火入れで絶妙な味に仕上がっております。更に合間に出てくる一品料理も秀逸です。

246 | 天ぷら 天白
テンプラ テンハク

★★★★☆
4.04

GENRE 天ぷら | NEAREST STATION 千葉県・千葉

📞043-221-2505　千葉県千葉市中央区本町2-1-21石井ビル1F
🕐￥15,000〜￥19,999　🌙￥15,000〜￥19,999

Rのおいさん／口に入れた瞬間から衣がふわっと無くなり素材の食感、甘みや旨味だけが残ります。

247 | てんぷら 深町
テンプラ フカマチ

★★★★☆
4.25

GENRE 天ぷら | NEAREST STATION 東京都・京橋

📞03-5250-8777　東京都中央区京橋2-5-2 A・M京橋ビル1F
🕐￥11,500〜￥16,500　🌙￥20,000〜￥29,999

parisjunko／どれも油切れが良く、衣が軽くカラっと仕上がり、もたれません。

248 | 天ぷら たけうち
テンプラ タケウチ

★★★★☆
4.10

GENRE 天ぷら | NEAREST STATION 福岡県・博多南

📞092-953-1699　福岡県那珂川市今光6-64-1
🕐￥10,000〜￥14,999　🌙￥10,000〜￥14,999

Chocotto／全国から選び抜かれた食材を使用した素晴らしいお料理を堪能！

249 | AKI NAGAO
アキ ナガオ

★★★★☆
4.10

GENRE フレンチ | NEAREST STATION 北海道・すすきの

📞011-206-1789　北海道札幌市中央区南三条西3-3 G DINING 1F
🕐￥40,000〜￥50,000　🌙￥40,000〜￥50,000

オールバックGOGOGO／この芸術性、この盛り付け、味わい、ソース、まさに圧巻の質の高さです、これは驚きましたね

250 レストラン・モリエール

★★★★☆
4.25

GENRE フレンチ	NEAREST STATION 北海道・円山公園

📞011-631-3155　北海道札幌市中央区宮ケ丘2-1-1 ラファイエット宮ヶ丘1F
◉¥6,000〜¥14,999　🕐¥15,000〜¥19,999

黄色のたぬき／旬の北海道産食材を使い、クラシックなフランス料理を基本に食材の旨さを引き出した料理を提供。

251 プチレストラン ブーケ・ド・フランス

★★★☆☆
3.86

GENRE フレンチ	NEAREST STATION 青森県・小柳

📞017-772-7967　青森県青森市虹ヶ丘1-10-7
◉¥6,600〜　🕐¥11,000〜

phili204／食材は野菜や魚介類など青森県産のものを使用しており、地産地消のフレンチがいただけます。

252 SOUS-SUS
スシュ

★★★★☆
4.02

GENRE フレンチ	NEAREST STATION 秋田県・秋田

📞018-853-7614　秋田県秋田市大町1-2-40
◉¥4,000〜¥10,000　🕐¥10,000〜¥20,000

Lady hana／食感や香りを楽しむクラシックベースのお料理は軽やかなのでスルスルとお腹に入ってしまいます。

253 RESTAURANT Ohtsu
レストラン オオツ

★★★★☆
4.15

GENRE フレンチ	NEAREST STATION 茨城県・水戸

📞029-226-8502　茨城県水戸市白梅1-5-4
◉¥22,000〜¥35,000　🕐¥22,000〜¥35,000

グルメマニア男2020／シンプルながら非常に洗練されたフランス料理。まさしく引き算のフレンチです。

254 Otowa restaurant
オトワ レストラン

★★★★☆
4.12

GENRE フレンチ	NEAREST STATION 栃木県・南宇都宮

📞028-651-0108　栃木県宇都宮市西原町3554-7
◉¥15,000〜¥19,999　🕐¥15,000〜¥29,999

pateknautilus40／とにかく、栃木県宇都宮に『オトワレストラン』有りという強烈な印象を受けました。サービスも最強ですし料理の見栄えも美しいです。

255 | ASAHINA Gastronome
アサヒナ ガストロノーム

★★★★☆
4.03

GENRE　フレンチ　｜　NEAREST STATION　東京都・茅場町

📞03-5847-9600　東京都中央区日本橋兜町1-4 M-SQUAREビル1F
💰￥25,000〜￥40,000　🕐￥40,000〜￥60,000

Tokyo Rocks／料理の確かな技術、繊細な盛り付け、サービスなども隙がなく最後のミニャルディーズも楽しめる数少ないフレンチだと再確認。

256 | AZUR et MASA UEKI
アズール エ マサ ウエキ

★★★☆☆
3.90

GENRE　フレンチ　｜　NEAREST STATION　東京都・乃木坂

📞03-6805-1147　東京都港区西麻布2-24-7 西麻布MAビル1F
💰￥18,150〜　🕐￥24,200〜

ぺーぱーかんぱにー／能登の旬な食材を使ったコース構成なので食べていてフレンチといえども胃もたれしない親しみある味わい。

257 | APICIUS
アピシウス

★★★★☆
4.26

GENRE　フレンチ　｜　NEAREST STATION　東京都・有楽町

📞03-3214-1361　東京都千代田区有楽町1-9-4 蚕糸会館B1F
💰￥10,000〜￥14,999　🕐￥40,000〜￥49,999

工藤明生 本物／このフレンチを知らずして、フランス料理を語るべきでない。心からそう思う。本当に素晴らしかった。

258 | Ode
オード

★★★★☆
4.17

GENRE　フレンチ　｜　NEAREST STATION　東京都・広尾

📞03-6447-7480　東京都渋谷区広尾5-1-32 ST広尾2F
💰￥9,000〜　🕐￥17,000〜

うにくまる／今まで味わったことのないような味が口の中に広がっていく瞬間、何とも言えない感覚に包まれた！笑

259 | Hommage
オマージュ

★★★★☆
3.96

GENRE　フレンチ　｜　NEAREST STATION　東京都・浅草

📞03-3874-1552　東京都台東区浅草4-10-5
💰￥15,000〜￥19,999　🕐￥31,000〜￥35,000

y.kiwi／今回もシェフの閃きの料理とマダムの朗らかな優しさに包まれる丁寧なもてなしの時間を過ごさせて頂きました。ありがとうございました。

260 北島亭
キタジマテイ

★★★★☆
4.16

GENRE フレンチ | NEAREST STATION 東京都・四ツ谷

📞03-3355-6667 東京都新宿区四谷三栄町
15-2 JHCビル1F
💰¥15,000〜¥19,999 🕐¥20,000〜¥29,999

nao…／想像しえるドッシリとした重厚なフレンチ
ではなく、素材の旨味を研ぎ澄ますような味わいで、
実に軽やかで美味しい。

261 銀座 レカン
ギンザ レカン

★★★☆☆
3.88

GENRE フレンチ | NEAREST STATION 東京都・銀座

📞03-3561-9706 東京都中央区銀座4-5-5
ミキモトビルB1F
💰¥10,000〜¥14,999 🕐¥30,000〜¥39,000

yamay630／お料理はモダンクラシックで土台の
しっかりとしたもの。鮮やかな色使いが美しく、美
味しいものでした。

262 Simplicite
サンプリシテ

★★★☆☆
3.95

GENRE フレンチ | NEAREST STATION 東京都・代官山

📞03-6759-1096 東京都渋谷区猿楽町3-9
アヴェニューサイド代官山1 2F
💰¥10,000〜¥14,999 🕐¥20,000〜¥29,999

セルジ／料理は予想＆期待通り。コースはさまざま
な形でアレンジされた魚が大半で、魚好きとしては
たまらない♪

263 sincere
シンシア

★★★★☆
4.17

GENRE フレンチ | NEAREST STATION 東京都・北参道

📞03-6804-2006 東京都渋谷区千駄ヶ谷3-7-13
原宿東急アパートメントB1F
💰¥6,500〜¥11,000 🕐¥18,000〜¥25,000

ろでーぬ／"遊び心満載なコースですがそもそも全
ての料理がハイレベルで美味しいものばかりでした。

264 トゥールダルジャン 東京
トゥールダルジャントウキョウ

★★★★☆
4.00

GENRE フレンチ | NEAREST STATION 東京都・四ツ谷

📞03-3239-3111 東京都千代田区紀尾井町4-1
ホテルニューオータニ ザ・メインロビィ階
💰¥15,000〜¥19,999 🕐¥30,000〜¥39,999

parisjunko／当時の華やかさを現代に伝える内装
は、パリにいるかのようで、外にはノートルダム寺
院が見えるような幻想感覚。

265 | Nabeno-Ism
ナベノ・イズム

★★★★☆
4.11

GENRE フレンチ | NEAREST STATION 東京都・浅草

📞03-5246-4056　東京都台東区駒形2-1-17
💰￥16,500〜　🕐￥27,500〜

cats-99／和の食材も取り入れたとても斬新で攻めた料理に思えました。どれも手が混んでいるものだと言う事は見ただけでもわかります

266 | ラ クレリエール

★★★★☆
4.18

GENRE フレンチ | NEAREST STATION 東京都・白金高輪

📞03-5422-6606　東京都港区白金3-14-10
ベルパラーゾシロカネ1F
💰￥15,000〜￥19,999　🕐￥30,000〜￥39,999

nao…／料理の美味しさは勿論ですが、ひと皿に込めた柴田シェフの情熱を感じて欲しいと思えるレストランです。

267 | LATURE
ラチュレ

★★★★☆
4.25

GENRE フレンチ | NEAREST STATION 東京都・表参道

📞03-6450-5297　東京都渋谷区渋谷2-2-2
青山ルカビB1F
💰￥4,999〜￥10,000　🕐￥10,000〜￥25,000

黄色のたぬき／ジビエや旬の食材を使い、自然や生産者の方々への敬意と感謝を表現した料理を提供。

268 | La Blanche
ラ・ブランシュ

★★★★☆
3.93

GENRE フレンチ | NEAREST STATION 東京都・表参道

📞03-3499-0824　東京都渋谷区渋谷2-3-1
青山ポニーハイム2F
💰￥10,000〜￥14,999　🕐￥15,000〜￥19,999

Tokyo Rocks／これぞクラシカルなフレンチと言うコースでした。ですが、古い料理ではなく、しっかりとしたフレンチ。

269 | Le Mange-Tout
ル・マンジュ・トゥー

★★★★☆
3.96

GENRE フレンチ | NEAREST STATION 東京都・牛込神楽坂

📞03-3268-5911　東京都新宿区納戸町22
🕐￥40,000〜※完全紹介制

ぺーぱーかんぱにー／気持ち良く食事ができるように細かいところまで配慮が行き届いていると思いました。これぞミシュランの常連たる所以なのかなと。

270 Restaurant Ryuzu
レストラン リューズ

★★★★☆
4.02

GENRE　フレンチ　　　　　NEAREST STATION　東京都・六本木

📞03-5770-4236　東京都港区六本木4-2-35
VORT六本木Dual's B1F
◉¥8,000〜¥9,999　🌙¥20,000〜¥29,999

野良パンダム／グランシェフと呼ばれる立場にいな
がらも、自らの料理を更に研磨していく飯塚シェフ
のプロフェッショナルっぷりに感激です。

271 レ セゾン

★★★★☆
4.24

GENRE　フレンチ　　　　　NEAREST STATION　東京都・日比谷

📞03-3539-8087　東京都千代田区内幸町1-1-1
帝国ホテル 東京 本館中2階
◉¥10,000〜¥14,999　🌙¥40,000〜¥49,999

どくだみちゃん／お値段もそれなりですが、フレン
チラバーの方は絶対にいくべき。Parisの三ツ星に
食べにいくことを考えたら破格です。

272 RESTAURANT UOZEN
レストラン ウオゼン

★★★★☆
4.13

GENRE　フレンチ　　　　　NEAREST STATION　新潟県・東三条

📞0256-38-4179　新潟県三条市東大崎1-10-69-8
◉¥10,000〜¥15,999　🌙¥10,000〜¥15,999

ぺぴどん／食材ひとつひとつがお料理の中で生き生
きと味わいを主張し、新潟の山の幸・海の幸の素晴
らしさを感じさせてくれました。

273 MAKINONCÎ
マキノンチ

★★★★☆
4.11

GENRE　フレンチ　　　　　NEAREST STATION　石川県・東金沢

📞050-3503-3318　石川県金沢市山の上町25-18
◉¥20,000〜¥29,999　🌙¥20,000〜¥29,999

Lady hana／お料理は北陸の野菜やお魚を使った
フレンチベースのイノベーティブ。パフォーマンス
ありで楽しめます。

274 L'Atelier de NOTO
ラトリエ・ドゥ・ノト

★★★★☆
4.03

GENRE　フレンチ　　　　　NEAREST STATION　石川県・輪島

📞0768-23-4488　石川県輪島市河井町4-142
◉¥6,000〜¥7,999　🌙¥15,000〜¥19,999

pateknautilus40／フレンチで有りながら『和』を
目でも舌でも堪能でき、とても楽しいひと時を過ご
す事が出来ました。

275 | Terroir 愛と胃袋
テロワールアイトイブクロ

★★★★☆
3.97

GENRE フレンチ	AREA 山梨県・北杜市

📞非公開　山梨県北杜市高根町長澤414
🍴¥20,000〜¥29,999　🕐¥20,000〜¥29,999

Lady hana／八ヶ岳の食材を使った地産地消で素材の味を活かした繊細な味わいでどれも素晴らしかったです。

276 | ブレストンコート ユカワタン

★★★★☆
3.88

GENRE フレンチ	NEAREST STATION 長野県・中軽井沢

📞050-5282-2267　長野県軽井沢町星野
🍴¥20,000〜¥29,999

みうっちょ／所謂利用客がリゾート気分を満喫し心地良く過ごすことを目的としたレストラン。

277 | Maison KEI
メゾン ケイ

★★★★☆
3.97

GENRE フレンチ	NEAREST STATION 静岡県・御殿場

📞0550-81-2231　静岡県御殿場市東山527-1
🍴¥7,000〜　🕐¥7,000〜

湘南特派員／エッジが効いた輪郭のはっきりした味わいのお皿はどれも印象に残るものばかり！

278 | LA VAGABONDE
ラ ヴァガボンド

★★★★☆
4.10

GENRE フレンチ	NEAREST STATION 愛知県・鶴舞

📞052-253-7343　愛知県名古屋市中区千代田2-14-24 キャノンピア鶴舞1F
🍴¥10,000〜¥14,999　🕐¥20,000〜¥29,999

kouranos／フランス料理からは想像を超えたイノベーティブな料理の数々にまずは驚きとワクワク感を感じるアミューズ。

279 | Ryoriya Stephan Pantel
リョウリヤ ステファン パンテル

★★★★☆
4.29

GENRE フレンチ	NEAREST STATION 京都府・丸太町

📞075-204-4311　京都府京都市中京区柳馬場通丸太町下ル4-182
🍴¥8,000〜　🕐¥15,000〜

野良パンダム／伝統的フランス料理技法と古都京都の伝統野菜を融合させた、まさに京フレンチと呼ぶにふさわしいオリジナリティ溢れるお料理が特徴。

280 Les champs d'or
レ・シャンドール

★★★★☆ 4.02

| GENRE フレンチ | NEAREST STATION 京都府・烏丸 |

📞075-255-2277　京都府京都市中京区柳馬場通蛸薬師上ル井筒屋町419
💰¥6,050〜　🕐¥20,570〜

オールバックGOGOGO／熟練の技がフォン、ソースを際立たせていただけます　まさに老舗の実力を味わえます

281 Restaurant MOTOI
レストラン モトイ

★★★★☆ 4.21

| GENRE フレンチ | NEAREST STATION 京都府・京都市役所前 |

📞075-231-0709　京都府京都市中京区富小路通二条下ル俵屋町186
💰¥10,000〜¥14,999　🕐¥20,000〜¥29,999

S.Y Nのグルメ日記／伝統的なフレンチ料理の中に中華のエッセンスも散りばめられており、斬新な料理に仕上がっています。

282 Grand rocher
グランロシェ

★★★☆☆ 3.95

| GENRE フレンチ | NEAREST STATION 大阪府・淀屋橋 |

📞06-6228-0588　大阪府大阪市中央区伏見町4-3-9 HK淀屋橋ガーデンアベニュー 1F
💰¥4,000〜¥4,999　🕐¥8,000〜¥9,999

yuyuyu0147／個性的な食器たちに負けないくらい魅せるお料理の数々。食事の楽しさ、美味しさを再認識するフレンチです♡

283 SUGALABO V
スガラボ ヴィー

★★★★☆ 4.09

| GENRE フレンチ | NEAREST STATION 大阪府・心斎橋 |

📞非公開　大阪府大阪市中央区心斎橋筋2-8-16 ルイ・ヴィトン御堂筋ビルディング7F
🕐¥50,000〜¥59,999

みかどmikado／クラシックに振ったメニューでしたが、力強く美味しい美しいコースでした。

284 フナシェフ

★★★★☆ 4.09

| GENRE フレンチ | NEAREST STATION 大阪府・天満 |

📞06-6450-8565　大阪府大阪市北区黒崎町6-4
💰¥8,000〜¥9,999　🕐¥20,000〜¥29,999

eb2002621／とにかく盛り付けが繊細。食材の配置も計算しつくされていて、見た目も楽しめるのが嬉しいですね〜。

285 | Point
ポワン

★★★★☆
4.05

GENRE　フレンチ ｜ NEAREST STATION　大阪府・少路

📞06-6152-8989　大阪府豊中市上野東2-17-47
💰￥20,000〜￥29,999

みうっちょ／可愛らしく彩り鮮やかでインスタ映え
が期待出来る料理は、見栄えだけでなく確かな腕前
により命が吹き込まれとても美しい…

---

286 | La Kanro
ラ カンロ

★★★☆☆
3.87

GENRE　フレンチ ｜ NEAREST STATION　大阪府・南森町

📞非公開　大阪府大阪市北区天神西町3-9
NUI南森町南側
💰￥20,000〜￥29,999　🌙￥20,000〜￥29,999

みっきー0141／味の決めてに独創性を感じました。
非常に面白い発想でした。ご馳走様でした。是非行
ってみてください！

---

287 | La Baie
ラ ベ

★★★☆☆
3.83

GENRE　フレンチ ｜ NEAREST STATION　大阪府・西梅田

📞06-6343-7020　大阪府大阪市北区梅田2-5-25
ザ・リッツ・カールトン大阪5F
💰￥14,000〜￥28,000　🌙￥27,000〜￥40,000

ファイブペンギンズ／格式高く優雅。ゴージャス＆
エレガントなまさにグランメゾンです。サービス、
雰囲気ともに最高です。

---

288 | hotel de yoshino
オテル・ド・ヨシノ

★★★★☆
4.32

GENRE　フレンチ ｜ NEAREST STATION　和歌山県・宮前

📞073-422-0001　和歌山県和歌山市手平2-1-2
和歌山ビッグ愛12F
💰￥4,400〜　🌙￥12,100〜

shinn679／特にソースの切れ味は抜群。魚料理の
白ワインのソースと肉料理の赤ワインのソースは貫
禄の味わい。

---

289 | NAKADO
ナカド

★★★☆☆
3.97

GENRE　フレンチ ｜ NEAREST STATION　広島県・八丁堀

ご予約はHPより→https://nakado-s.com
広島県広島市中区堀川町4-18 胡子GRIT 5F
💰￥16,500〜　🌙￥19,800〜

ふひと@広島／イノベーティブなフレンチでエスプ
ーマ、ガストロバック、パコジェット等の先端機器
を使った多様な食感と味覚を追求されています。

290 le-sorcier
ル ソルシエ

★★★★☆
4.05

| GENRE フレンチ | NEAREST STATION 山口県・徳山 |

📞非公開　山口県周南市
◉ ¥ 10,000 〜 ¥ 14,999　🕐 ¥ 15,000 〜 ¥ 19,999

phili204／食材は山口県や瀬戸内海のものを中心に使用されており、素材の素晴らしさを引き出されています。

291 ラトリエ あべ

★★★☆☆
3.87

| GENRE フレンチ | NEAREST STATION 徳島県・山河内 |

📞0884-77-3755　徳島県海部郡美波町山河内字なか26
◉ ¥ 10,000 〜 ¥ 14,999　🕐 ¥ 10,000 〜 ¥ 14,999

@hitolog_com／フレンチが1番近いジャンルになると思いますが、お店の雰囲気同様、和と洋を掛け合わせたお料理。

292 MAISON LAFITE
メゾン ラフィット

★★★★☆
4.31

| GENRE フレンチ | AREA 福岡県・那珂川市 |

📞092-953-2161　福岡県那珂川市西畑941
◉ ¥ 20,000 〜 ¥ 29,999　🕐 ¥ 20,000 〜 ¥ 29,999

ぺーぱーかんぱにー／お料理は地産地消がテーマらしく、那珂川市でとれた米や野菜などの食材をふんだんに使ったコース内容です。

293 Restaurant Sola
レストラン ソラ

★★★☆☆
3.98

| GENRE フレンチ | NEAREST STATION 福岡県・呉服町 |

📞092-409-0830　福岡県福岡市博多区築港本町13-6 ベイサイドプレイス博多 C館2F
🕐 ¥ 15,000 〜 ¥ 19,999

phili204／フランスにて磨かれた確かな技術と独創性のあるひと皿をお手頃な価格帯でいただけます。

294 オステリアエノテカ ダ・サスィーノ

★★★★☆
4.03

| GENRE イタリアン | NEAREST STATION 青森県・中央弘前 |

📞0172-33-8299　青森県弘前市本町56-8 グレイス本町2F
🕐 ¥ 20,000 〜 ¥ 29,999

平本真奈美／自家菜園で作った野菜…自家ワイナリーで作ったワインなど…随所にとてもこだわりのあるお店でとても美味しかったです。

295 | casa del cibo
カーサ・デル・チーボ

★★★★☆
4.10

GENRE　イタリアン	NEAREST STATION　青森県・白銀

📞0178-20-9646　青森県八戸市湊高台1-19-6
💰￥6,600〜　🕐￥10,000〜￥14,999

村ログ／池見シェフの仕込みの丁寧さと、それにかける熱量と時間が凄まじいです。だからこそ生まれる、池見イタリアンなのかもしれません。

---

296 | f
エッフェ

★★★★☆
4.15

GENRE　イタリアン	NEAREST STATION　秋田県・秋田

📞非公開　秋田県秋田市中通5-5-31
KMビル3F
💰￥15,000〜￥19,999

うめけん1002／全体的に食材、調理法ともに新鮮で、これが東京にあったとしても唯一無二のイタリアンだなと感じました!!とても美味しくてお安い！

---

297 | ristorante giueme
リストランテ ジュエーメ

★★★★☆
4.10

GENRE　イタリアン	AREA　秋田県・大仙市

📞0187-73-5053　秋田県大仙市戸蒔字谷地添
100-1
💰￥4,000〜￥6,000　🕐￥8,000〜￥15,000

みっきー0141／接客から料理まで全てが超一流。上品な少量の料理の数々を楽しむことができるので嬉しい。コスパとしても最強。

---

298 | Ushimaru
ウシマル

★★★★☆
4.26

GENRE　イタリアン	AREA　千葉県・山武市

📞0479-86-1222　千葉県山武市松尾町木刀
1307-2
💰￥10,000〜￥14,999　🕐￥10,000〜￥14,999

やっぱりモツが好き／地物の天然物というテロワールを活かした料理こそ同店の真髄。

---

299 | K+
カゲロウプリュス

★★★☆☆
3.86

GENRE　イタリアン	NEAREST STATION　東京都・広尾

📞03-6433-5141　東京都港区西麻布4-5-8
💰￥15,000〜￥19,999

S.Y Nのグルメ日記／プリフィックスコースに定評があり、オープンキッチンで臨場感のある調理を眺めながら、食事を楽しめるお店です。

300 ca'enne
カエンネ

★★★★☆
4.11

GENRE　イタリアン | AREA　長野県・茅野市

📞050-3159-5561　長野県茅野市豊平字東嶽
10222-25
◉¥15,000〜¥19,999　🕐¥15,000〜¥19,999

IKKO'S FILMS／コース通して食べ疲れが一切なく、だけどダレることもなく、素材を活かしたイタリア料理はしっかりと信州を感じさせてくれる。

301 Cucina Italiana Gallura
クッチーナ イタリアーナ ガッルーラ

★★★★☆
4.19

GENRE　イタリアン | NEAREST STATION　愛知県・八事日赤

📞052-680-7889　愛知県名古屋市昭和区山里町
70-2 山手アベニュー2F
◉¥8,000〜¥19,999　🕐¥15,000〜¥25,000

ぺーぱーかんぱにー／こちらは愛知県の食材を始め、全国から選りすぐりの厳選食材を使用した拘りのイタリアンが食べられます。

302 ristorante nakamoto
リストランテ ナカモト

★★★☆☆
3.94

GENRE　イタリアン | NEAREST STATION　京都府・木津

📞050-3134-3550　京都府木津川市木津南垣外
122-1
◉¥5,000〜¥5,999　🕐¥10,000〜¥14,999

phili204／地元木津の旬の野菜をふんだんに使った日本の四季を存分に感じられる料理構成となっています。

303 QUINTOCANTO
クイントカント

★★★★☆
4.16

GENRE　イタリアン | NEAREST STATION　大阪府・渡辺橋

📞06-6479-1811　大阪府大阪市北区中之島
3-6-32 ダイビル本館 1F
◉¥8,000〜¥9,999　🕐¥20,000〜¥29,999

ファイブペンギンズ／イタリアンの基本に忠実で、へんにこねくり回すことがなく、心から美味しいと素直に舌が喜ぶ料理です。

304 TOM Curiosa
トム クリオーザ

★★★★☆
4.06

GENRE　イタリアン | NEAREST STATION　大阪府・北新地

📞050-3188-6885　大阪府大阪市北区曽根崎新地
1-2-7 櫻ビル3F
🕐¥15,000〜¥19,999

みうっちょ／ペルシュウが育む旨味や甘味、塩味が体温で一斉に溶け出す瞬間の驚きは今でも忘れられない感動レベルの美味しさ

305 名前のないイタリア料理店
ナマエノナイイタリアリョウリテン

★★★★☆
4.06

GENRE　イタリアン

NEAREST STATION　愛媛県・松山市

📞089-943-3003　愛媛県松山市千舟町4-1-4
ヒラキビル1F
◉￥10,000～￥14,999　🕐￥15,000～￥19,999

ぺーぱーかんぱにー／何の縁も無かったが愛媛県の魚の虜になり、こちらへ移転。お料理は、濃厚な伝統的なイタリアンといったところ。

---

306 villa del nido
ヴィッラ デル ニード

★★★★☆
4.12

GENRE　イタリアン

NEAREST STATION　長崎県・多比良

📞0957-73-9713　長崎県雲仙市国見町多比良甲
313-2
◉￥15,000～￥19,999　🕐￥15,000～￥19,999

kevche1／島原の北東部にあるお店ですが、この辺りは日本一美味しい食材が揃っていると思います。魚介類も野菜もとても美味しいです。

---

307 CERCA TROVA
チェルカ トローヴァ

★★★★☆
4.00

GENRE　イタリアン

NEAREST STATION　宮崎県・延岡

📞0982-33-0169　宮崎県延岡市博労町4-14
🕐￥16,500～

ぺーぱーかんぱにー／聞くとフレンチベースのイタリアンとの事で、他にはないチェルカ料理とも言える内容。

---

308 SENTI.U
センティウ

★★★★☆
3.99

GENRE　イタリアン

AREA　鹿児島県・鹿屋市

📞0994-44-6820　鹿児島県鹿屋市新川町587
◉￥10,000～￥14,999　🕐￥10,000～￥14,999

辣油は飲み物／大隅半島の魚介を駆使し、コースの大半が魚なので、魚介料理好きに強くオススメです！

---

309 ZURRIOLA
スリオラ

★★★★☆
4.01

GENRE　スペイン料理

NEAREST STATION　東京都・銀座

📞03-3289-5331　東京都中央区銀座6-8-7
交詢ビル4F
◉￥10,000～￥14,999　🕐￥30,000～￥39,999

ひろえBANANA／独創的でありながらどこか親しみがあり、全体的な完成度も高いのにメリハリも感じる素晴らしいコースでした。

310 霜止出苗
シモヤミテナエイズル

★★★★☆
4.23

| GENRE | イノベーティブ・フュージョン | NEAREST STATION | 北海道・中島公園 |

☎090-9434-1700　北海道札幌市中央区南九条西4・5・12 カモカモビル1F
◉¥33,000〜　◷¥33,000〜

amanekenama／フレンチ出身で鮨好きの五十嵐シェフの考えるジャンルなき美味しい料理のお店

311 薫 HIROO
カオル ヒロオ

★★★★☆
4.14

| GENRE | イノベーティブ・フュージョン | NEAREST STATION | 東京都・広尾 |

☎03-6721-6980　東京都港区南麻布4・5・66
◉¥50,000〜¥59,999　◷¥50,000〜¥59,999

raccostar／やはり、流石の長谷川稔ブランド。シェフもパティシエールもソムリエも、半端なく手練れのメンバーが集まるのでしょう。

312 Installation Table ENSO L'asymetrie du calme
インスタレーションターブル エンソ ラシンメトリー ドゥ カルム

★★★★☆
3.96

| GENRE | イノベーティブ・フュージョン | NEAREST STATION | 石川県・野町 |

☎076-208-4052　石川県金沢市池田町4番丁33
◉¥20,000〜¥29,999　◷¥20,000〜¥29,999

うにくまる／見た目も味もセンスの塊でした。食べた瞬間にまさしくフュージョンしちゃいます笑

313 SHOKUDO YArn
ショクドウ ヤーン

★★★★☆
4.24

| GENRE | イノベーティブ・フュージョン | NEAREST STATION | 石川県・小松 |

☎0761-58-1058　石川県小松市吉竹町1・37・1
◉¥12,000〜　◷¥18,000〜

藤崎まり子／石川県産にこだわるだけでなく見て楽しく食べながらダジャレたっぷりのメニューの謎解きをするのも一興ですね、楽しいです。

314 馳走西健一
チソウニシケンイチ

★★★★☆
4.14

| GENRE | イノベーティブ・フュージョン | NEAREST STATION | 静岡県・西焼津 |

☎050-5589-3582　静岡県焼津市西小川4・8・9
◉¥10,000〜¥14,999　◷¥15,000〜¥19,999

大きなやまちゃん／一つ一つの料理、基本技術が確かですね　どれを食べても美味しいとしか言えない　それでいて驚くようなコスパなのです。

315 | ORTO
オルト

★★★★☆ 4.16

GENRE イノベーティブ・フュージョン | NEAREST STATION 京都府・烏丸御池

📞075-212-1166　京都府京都市中京区衣棚通三条下ル三条町337-2
🍴¥10,000〜¥13,000　🌙¥16,000〜¥20,000

yuyuyu0147／季節に寄り添い、旬素材の味を最大限に引き出すため塩分、油分を控えた調理法を大切にしているそう♡とってもヘルシーです！

316 | CAINOYA
カイノヤ

★★★★☆ 4.00

GENRE イノベーティブ・フュージョン | NEAREST STATION 京都府・京都河原町

📞非公開　京都府京都市下京区河原町通四条下ル2丁目稲荷町318-6 グッドネイチャーステーション2F
🍴¥50,000〜¥59,999　🌙¥50,000〜¥59,999

藤崎まり子／とても美しいお料理が多かったです。ガストロバックで調理された料理を食べたことがない方は一度は是非。

317 | カハラ

★★★★☆ 4.28

GENRE イノベーティブ・フュージョン | NEAREST STATION 大阪府・北新地

📞06-6345-6778　大阪府大阪市北区曽根崎新地1-9-2 岸本ビル2F
🌙¥30,000〜¥39,999

kobalog／次の料理は何が出てくるのかここまで楽しみなお店は初めてです。期待していた以上に素晴らしく、一瞬で森義文シェフのファンになりました。

318 | Fujiya 1935
フジヤ イチキュウサンゴ

★★★★☆ 4.27

GENRE イノベーティブ・フュージョン | NEAREST STATION 大阪府・谷町四丁目

📞06-6941-2483　大阪府大阪市中央区鎗屋町2-4-14
🍴¥15,120〜¥27,000　🌙¥27,500〜¥44,000

Lady hana／物腰柔らかで優しいシェフの人柄が伝わってくるお料理とサービスに充実した時間を過ごせました。

319 | akordu
アコルドゥ

★★★★☆ 4.34

GENRE イノベーティブ・フュージョン | NEAREST STATION 奈良県・近鉄奈良

📞0742-77-2525　奈良県奈良市水門町70-1-3-1
🍴¥8,000〜¥9,999　🌙¥15,000〜¥19,999

ペンギン案内人／何度来ても「記憶」に残る！奈良という土地だからこそ味わえる、至極のレストラン

320 TTOAHISU
トアヒス

★★★☆☆
3.99

GENRE　イノベーティブ・フュージョン　|　NEAREST STATION　福岡県・大濠公園

📞092-733-4600　福岡県福岡市中央区大手門
3-12-12 BLDG64 1F
💰￥8,800〜　🕐￥15,000〜￥16,999

お肉モンスター／フレンチベースではあるのですが、
和の要素や他の要素も入り混じった創作的な料理の
数々で面白くて、美味しかったです。

321 奈良屋町 青
ナラヤマチ アオ

★★★★☆
4.13

GENRE　イノベーティブ・フュージョン　|　NEAREST STATION　福岡県・中洲川端

📞092-272-2400　福岡県福岡市博多区奈良屋
町4-11-3
🕐￥30,000〜￥39,999

hiro0827／ジャンルとしてはイノヴェーティブと
なっているが、僕的には、福岡で最先端の日本料理
という気がした

322 とおの屋 要
トオノヤ ヨウ

★★★★☆
4.12

GENRE　創作料理　|　NEAREST STATION　岩手県・遠野

📞0198-62-7557　岩手県遠野市材木町2-17
💰￥40,000〜￥49,999　🕐￥50,000〜￥80,000

ジゲンＡＣＥ／ほのぼのとしていて柔らかい対応。
非常に興味深く、かつ面白い料理たち。自家製のど
ぶろくもたっぷり堪能。

323 kamoshiya Kusumoto
カモシヤ クスモト

★★★☆☆
3.92

GENRE　創作料理　|　NEAREST STATION　大阪府・新福島

📞06-6455-8827　大阪府大阪市福島区福島
5-17-14
🕐￥20,000〜￥29,999

ふひと@広島／毎月、お料理のテーマが変わり、マ
リアージュするお酒も変わるというジャンルに捕ら
われないお店。

324 虎峰
コホウ

★★★★☆
4.17

GENRE　中華料理　|　NEAREST STATION　東京都・六本木

📞03-3478-7441　東京都港区六本木3-8-7
PALビル1F
🕐￥20,000〜￥29,999

たけだプレジール／味付けは繊細なものからどっし
りしたものまで幅広く、それでいて食後の重さがな
く、完成度は高いと思います。

325 | 私厨房 勇
シチュウボウ ユン

★★★★☆
3.87

| GENRE 中華料理 | NEAREST STATION 東京都・白金高輪 |

📞03-5422-9773　東京都港区白金6-5-5
モリハウス1F
🌐￥10,000〜￥14,999

スタープラチナ・ザ・ワールド／ボリュームがしっかりありながら、食べ進めるのに重たさがないのは嬉しいところ。

326 | ShinoiS
シノワ

★★★★☆
4.21

| GENRE 中華料理 | NEAREST STATION 東京都・白金台 |

📞03-6277-0583　東京都港区白金台4-2-7
bld桜なみき2F
🌐￥50,000〜

ぺぴどん／ペアリングのお茶は、ある時は料理の余韻を広げ、ある時は香りで後味を包み込みながらリセットしたり、素晴らしい合わせ。

327 | 趙楊
チョウヨウ

★★★★☆
4.16

| GENRE 中華料理 | NEAREST STATION 東京都・新橋 |

📞03-3289-2006　東京都港区新橋1-5-5
グランベル銀座ビルⅡ7F
🌐￥22,000〜

pateknautilus40／中々本場の四川料理を味わうことが出来ませんがこちらは違います。本場の昔ながらの四川料理が味わえる唯一のお店かもしれません。

328 | 隼
トシ

★★★★☆
4.08

| GENRE 中華料理 | NEAREST STATION 東京都・六本木 |

📞03-6875-4245　東京都港区六本木4-4-2
ヒルサイドパレス六本木B1F
🌐￥50,000〜￥59,999

miam_miam.17／コースのバランスを大切にされているため、"重たさ"ではない、しっかりとした味わい　深みと厚みが表現されています。

329 | 4000 Chinese Restaurant
ヨンセン チャイニーズ レストラン

★★★★☆
4.09

| GENRE 中華料理 | NEAREST STATION 東京都・広尾 |

📞03-6427-9594　東京都港区南青山7-10-10
パークアクシス南青山7丁目1F
🌐￥25,000〜￥30,000　🌐￥45,000〜￥50,000

グルメウォーカー時々旅行／頂いた事のない独創性豊かな料理も多く、四川料理愛好家のような方にも自信をもってお勧めできるお店となっております。

330 | レンゲ

★★★★☆
4.16

GENRE 中華料理 　　　NEAREST STATION 東京都・銀座

📞03-6228-5551　東京都中央区銀座7-4-5
GINZA745ビル9F
🕐￥20,000〜￥39,999

食いだおれリーマン／従来の中華料理の枠にとらわれない食材と技法で、自由な発想で料理が繰り広げられます。

331 | わさ

★★★★☆
4.05

GENRE 中華料理 　　　NEAREST STATION 東京都・恵比寿

📞非公開　東京都渋谷区東3-16-1
ベルザ恵比寿1F
🕐￥40,000〜￥49,999

pateknautilus40／毎回来るのが楽しみなこちらは、定番のキャビアビーフンやザーサイ、餃子、チャーハンがとても美味しいです。

332 | 開化亭
カイカテイ

★★★★☆
4.22

GENRE 中華料理 　　　NEAREST STATION 岐阜県・名鉄岐阜

📞058-264-5811　岐阜県岐阜市鷹見町25-2
◉￥6,000〜￥7,999　🕐￥15,000〜￥19,999

S.Y Nのグルメ日記／どの料理もひと工夫もふた工夫もされており、素材へのこだわりも感じられて絶品でした！

333 | 眞善美
シンゼンビ

★★★★☆
4.12

GENRE 中華料理 　　　NEAREST STATION 愛知県・高岳

📞052-982-8820　愛知県名古屋市東区東桜
2-12-34 M's GARDEN 2F
🕐￥20,000〜

7070JAZZ／最近流行りの優しい日本料理に近い中華料理とは一線を画す、滋味深い味わいの中にパンチの効いたアクセントが潜んでいる。

334 | 京 静華
キョウ セイカ

★★★☆☆
3.96

GENRE 中華料理 　　　NEAREST STATION 京都府・東山

📞075-752-8521　京都府京都市左京区岡崎
円勝寺町36-3 2F
🕐￥20,000〜￥29,999

mad_method／いやぁ〜、最高でした！削ぎ落とし、洗練された中華料理の極み。日本らしい中華料理。

335 | 月泉
ゲッセン

★★★★★ 4.23

| GENRE 中華料理 | NEAREST STATION 大阪府・なにわ橋 |

📞06-6366-0055　大阪府大阪市北区西天満 1-6-4
💰￥10,000〜￥14,999

しぶちゃん(๑´ິ◡`ิ๑)／大皿を活かした調理と盛り付けで見た目から楽しい！！そしてどれも美味しい！！

336 | ウェスタ

★★★★☆ 3.95

| GENRE ステーキ・鉄板焼き | NEAREST STATION 東京都・日本橋 |

📞03-6262-3355　東京都中央区日本橋3-8-13 華蓮日本橋ビル1F
💰￥60,000〜￥79,999　💰￥60,000〜￥79,999

みうっちょ／質の良い穏やかな脂がにじむシャトーブリアンは柔らかく鮪の赤身に近い味わいでとても美味しい逸品でありました(^^)/

337 | 神楽坂 鉄板焼 中むら
カグラザカ テッパンヤキ ナカムラ

★★★★★ 4.00

| GENRE ステーキ・鉄板焼き | NEAREST STATION 東京都・飯田橋 |

📞03-6280-8317　東京都新宿区神楽坂3-6 神楽坂三丁目テラスB1F
💰￥30,000〜￥39,999

サンショウマン／シャトーブリアンは低温の鉄板の上でじんわりと焼き上げていくのが見れます！抜群な火入れで脂も美味しくいただけました。

338 | ステーキハウス キッチンリボン

★★★★☆ 4.19

| GENRE ステーキ・鉄板焼き | NEAREST STATION 愛知県・桜山 |

📞052-853-0181　愛知県名古屋市昭和区 菊園町4-24 リボンビル1F
💰￥5,000〜￥10,000　💰￥25,000〜￥35,000

トイプードルしろちゃん／雌の松坂牛　A5ランクのみを使用したステーキ。特にシャトーブリアンタワーが名物のお店です。

339 | 肉料理ふくなが
ニクリョウリフクナガ

★★★★☆ 3.99

| GENRE ステーキ・鉄板焼き | NEAREST STATION 滋賀県・守山 |

📞077-596-5125　滋賀県守山市守山2-3-7
💰￥4,000〜￥4,999　💰￥10,000〜￥14,999

coccinellaさん／昔ながらの肥育法で育てられた雌牛は、赤身の旨み密度と、澄み切った清明な後味が特徴のようです！

340 くいしんぼー山中
クイシンボーヤマナカ

★★★★☆ 4.21

| GENRE ステーキ・鉄板焼き | NEAREST STATION 京都府・桂 |

📞075-392-3745　京都府京都市西京区御陵溝浦町26-26
🍴￥7,000～￥7,999　🌙￥20,000～￥29,999

meguです！！／余計な脂が強くなく、全く胃がもたれない。物足りないとかは全くなく最上級のちょうど良い。

341 ステーキハウス バロン

★★★☆☆ 3.91

| GENRE ステーキ・鉄板焼き | NEAREST STATION 熊本県・花畑町 |

📞096-355-2957　熊本県熊本市中央区下通1-9-4 宇都宮ビル2F
🌙￥30,000～￥39,999

ぺーぱーかんぱにー／シェフ曰く秘伝の製法で火入れをされているらしく、今まで食べたどのステーキよりも身が柔らかいと思います。

342 川㐂
カワキ

★★★★☆ 4.31

| GENRE 魚介料理・海鮮料理 | NEAREST STATION 福井県・三国神社 |

📞0776-82-1313　福井県坂井市三国町中央2-2-28
🍴￥66,000～　🌙￥66,000～

食いだおれリーマン／とにかく蟹との格闘。これだけの蟹を一人で食べるのは初めて。先ほど残した蟹味噌豆腐につけても、また美味しい。

343 日の出
ヒノデ

★★★★☆ 4.32

| GENRE 魚介料理・海鮮料理 | NEAREST STATION 三重県・桑名 |

📞0594-22-0657　三重県桑名市川口町19
🍴￥10,000～￥14,999　🌙￥15,000～￥19,999

藤崎まり子／蛤をこんなに食べたのは人生初でしたが蛤だけをシンプルに味わい感動しました、ジューシーでいくらでも食べられますね。

344 飴源
アメゲン

★★★★☆ 4.05

| GENRE 川魚料理 | AREA 佐賀県・唐津市 |

📞0955-56-6926　佐賀県唐津市浜玉町五反田1058-2
🍴￥10,000～￥20,000　🌙￥10,000～￥20,000

辣油は飲み物／こちらの川魚の扱いの巧さは流石。独特の泥っぽさを排除し、旨味を引き出す調理に終始感嘆を覚えます。

345 | 炭火焼肉 久
スミビヤキニク キュウ

★★★★★ 4.08

| GENRE 焼肉・肉料理 | NEAREST STATION 秋田県・秋田 |

📞080-9332-0829　秋田県秋田市中通4-17-15 1F
🍴¥1,000〜¥1,999　🕐¥4,000〜¥4,999

kevche1／牛肉の質は非常に高い。秋田県産の牛肉は、脂っこすぎず、肉の食感が良いので、全般的に好きです。

---

346 | USHIGORO S. GINZA
ウシゴロ エス ギンザ

★★★★★ 4.01

| GENRE 焼肉・肉料理 | NEAREST STATION 東京都・銀座 |

📞03-3289-1129　東京都中央区銀座7-7-7
GINZA777 ADC BUILDING 6F
🍴¥10,000〜¥14,999　🕐¥20,000〜¥29,999

komug710／上質な所作のもと焼かれる厳選された部位のお肉に、季節感を出した料理の数々。丁寧な商品説明も◎

---

347 | USHIGORO S. NISHIAZABU
ウシゴロ エス ニシアザブ

★★★★☆ 3.98

| GENRE 焼肉・肉料理 | NEAREST STATION 東京都・乃木坂 |

📞03-6419-4129　東京都港区西麻布2-24-14
バルビゾン73 B1F
🕐¥20,000〜¥29,999

海原雄コ♡／スタイリッシュな焼き師さんが上質なお肉を丁寧に抜群の焼き加減でサーブしてくれます。勿論煙たくならず、油はねの心配も無く。

---

348 | SATOブリアン さんごう
サトーブリアン サンゴウ

★★★★☆ 3.95

| GENRE 焼肉・肉料理 | NEAREST STATION 東京都・阿佐ヶ谷 |

📞03-6383-0338　東京都杉並区阿佐谷北
1-37-6 1F
🕐¥15,000〜¥19,999

Lady hana／サトプリのお肉はサシがきめ細かく綺麗に入っていて全く胃もたれしません。

---

349 | SATOブリアン にごう
サトーブリアン ニゴウ

★★★★★ 4.22

| GENRE 焼肉・肉料理 | NEAREST STATION 東京都・阿佐ヶ谷 |

📞03-6915-1739　東京都杉並区阿佐谷南2-17-2
🕐¥15,000〜¥19,999

shinn679／平凡な焼肉に飽きた方、ここに来れば間違い無く新たな肉の世界を堪能できると思います。

350 | SATO ブリアン 本店
サトーブリアン ホンテン

★★★★☆ 4.21

GENRE 焼肉・肉料理	NEAREST STATION 東京都・阿佐ヶ谷

📞03-6915-1638　東京都杉並区阿佐谷南 3-44-2
新井ビル 1F
💰¥ 15,000〜 ¥ 19,999

yasai572／プリ飯、ヒレサンドは言葉を失います。
阿佐ヶ谷の名店です。ご馳走さまでした。

351 | 炭火焼肉 なかはら
スミビヤキニク ナカハラ

★★★★☆ 4.18

GENRE 焼肉・肉料理	NEAREST STATION 東京都・市ヶ谷

📞03-6261-2987　東京都千代田区六番町 4-3
GEMS市ヶ谷 9F
💰¥ 20,000〜 ¥ 30,000

お肉モンスター／焼肉が重いと感じる人でも間違い
なく最後まで美味しく食べられる、東京でもトップ
クラスのコース。

352 | 炭焼 金竜山
スミヤキ キンリュウサン

★★★★☆ 4.31

GENRE 焼肉・肉料理	NEAREST STATION 東京都・白金高輪

📞非公開　東京都港区白金 3-14-1
第 1 マンション 1F
💰¥ 10,000〜 ¥ 14,999

どくだみちゃん／老舗の焼肉屋さんではありますが、
超予約困難店だけあって　この唯一無二のオリジナ
リティあるセンスが素晴らしい。

353 | 東京肉しゃぶ家
トウキョウニクシャブヤ

★★★☆☆ 4.17

GENRE 焼肉・肉料理（しゃぶしゃぶ）	NEAREST STATION 東京都・東新宿

📞03-6273-8987　東京都新宿区大久保 1-12-3
カーサ第二新宿 1F
◉¥ 10,000〜　◐¥ 20,000〜

Lady hana／お肉の旨味を引き立てる味付けにな
ってるので色んな部位を頂いてもお肉の味の違いが
分かりそれぞれの旨味を堪能出来ます。

354 | よろにく

★★★★☆ 4.19

GENRE 焼肉・肉料理	NEAREST STATION 東京都・表参道

📞03-3498-4629　東京都港区南青山 6-6-22
ルナロッサ B1F
💰¥ 10,000〜 ¥ 14,999

kevche1／一人一人が完璧にお肉を焼くことがで
き、レストランでこれだけのサービスを受けられる
のは珍しいと思います。

355 | HIRO NAGOYA
ヒロ ナゴヤ

★★★★☆ 3.96

| GENRE 焼肉・肉料理 | NEAREST STATION 愛知県・浅間町 |

📞非公開　愛知県名古屋市西区樋の口町2-17 シャトー西の丸2F
🕐￥60,000〜￥79,999

サンショウマン／シェフの絶妙の焼き具合、火入れたまらない柔らかいシャトーブリアンの数々！そりゃ〜肉好きにはたまらないですね！

---

356 | 和田金
ワダキン

★★★★☆ 3.96

| GENRE 焼肉・肉料理 | NEAREST STATION 三重県・松阪 |

📞0598-21-1188　三重県松阪市中町1878
🕐￥15,000〜￥19,999　🕐￥15,000〜￥19,999

ニールマン／旨味・脂の質・色・艶まで申し分ないです。焼肉スタイルでない、すき焼きだからこその良さと味わい深さが際立ちます。

---

357 | 生ホルモン処 おさむちゃん。
ナマホルモンドコロ オサムチャン

★★★★☆ 4.12

| GENRE 焼肉・肉料理 | NEAREST STATION 大阪府・津久野駅 |

📞080-5322-0036　大阪府堺市西区鳳北町8-33-4
🕐￥15,000〜￥19,999

IKKO'S FILMS／独自の仕入れルートによる肉は鮮度や肉質も最高ランク。そして独自の配合で作られるおさむちゃんのタレが素晴らしく旨い。

---

358 | 奈良きみや
ナラキミヤ

★★★★☆ 4.11

| GENRE 焼肉・肉料理 | NEAREST STATION 奈良県・学研奈良登美ヶ丘 |

📞0743-78-1860　奈良県生駒市鹿畑町907
🕐￥10,000〜￥19,999

ingridb／ヒレだけってどうなのよ？と思ったのですが部位の違いで明らかに脂の入り方、柔らかさが違ってきて面白いです。

---

359 | 焼肉すどう 春吉
ヤキニクスドウ ハルヨシ

★★★★☆ 3.90

| GENRE 焼肉・肉料理 | NEAREST STATION 福岡県・天神南 |

📞092-287-8015　福岡県福岡市中央区春吉 3-11-19 1F
🕐￥15,000〜￥20,000　🕐￥15,000〜￥20,000

やっぱり蕎麦／予想を超える旨さだった。日々食べ歩きを重ねられ研究熱心なオーナーの熱量を感じられるコース。全国的にも間違いなくトップの焼肉店だ。

360 焼肉井とう
ヤキニクイトウ

★★★★☆ 3.98

| GENRE 焼肉・肉料理 | NEAREST STATION 大分県・佐伯 |

📞0972-24-3425　大分県佐伯市駅前2-2-17
💰￥8,000〜￥10,000

meguです！！／焼き方一つにしても本当に面白い。それが理にかなってるから本当に凄い。そして焼肉愛がびしびしと伝わる。

361 とり喜
トリキ

★★★★☆ 4.15

| GENRE 焼鳥・鳥料理 | NEAREST STATION 東京都・錦糸町 |

📞03-3622-6202　東京都墨田区錦糸1-8-13 小坂ビル1F
💰￥8,000〜￥9,999

コスモス007／まったく無駄のない動きで、ひと串づつ焼き上げていくさまは、まさに職人技。

362 鳥さわ
トリサワ

★★★★☆ 4.15

| GENRE 焼鳥・鳥料理 | NEAREST STATION 東京都・亀戸 |

📞03-3682-6473　東京都江東区亀戸2-24-13
💰￥6,000〜￥7,999

グルメマニア男／大山鶏を中心に、一串一串、備長炭による絶妙な火入れで、最も美味しい状態で提供してくださいます。

363 鳥さわ 22
トリサワニジュウニ

★★★★☆ 3.98

| GENRE 焼鳥・鳥料理 | NEAREST STATION 東京都・広尾 |

📞03-3499-1808　東京都港区西麻布4-18-17
💰￥8,000〜￥9,999

トモサク／いやー、もう最初から美味い！焼鳥といえば素材の良さと焼き加減がキモだと思ってるけど、こちらもその両方が絶妙。

364 鳥田中
トリタナカ

★★★★☆ 3.98

| GENRE 焼鳥・鳥料理 | NEAREST STATION 東京都・鐘ヶ淵 |

📞03-3617-6615　東京都墨田区墨田3-25-7
💰￥7,700〜

komug710／季節を感じる料理の数々は、産地まで拘った最高の物。更に素材の組み合わせ方も、正に田中さん流。

365 | 南青山 七鳥目
ミナミアオヤマ ナナチョウメ

★★★★☆ 3.97

| GENRE 焼鳥・鳥料理 | NEAREST STATION 東京都・広尾 |

📞03-6427-3239　東京都港区南青山7-13-13 フォレストビルB1
🕐¥9,800

虎太郎がゆく／もし誘われて行くチャンスが訪れれば迷わずお邪魔すべき焼鳥屋さんだと思います。

366 | 焼鳥 おみ乃
ヤキトリ オミノ

★★★★☆ 4.21

| GENRE 焼鳥・鳥料理 | NEAREST STATION 東京都・押上 |

📞03-5619-1892　東京都墨田区押上1-38-4 清流ビル1F
◎¥8,000～¥9,999　🕐¥8,000～¥9,999

美味しい弁護士／王道派の焼鳥コースですね。しっかりとした強めの火入れで、口に入れた際、熱さも感じる焼きの入れ方です。

367 | 焼鳥 みずき
ヤキトリ ミズキ

★★★★☆ 3.93

| GENRE 焼鳥・鳥料理 | NEAREST STATION 岐阜県・名鉄岐阜 |

📞058-264-0715　岐阜県岐阜市神田町3-9 岐阜屋ビル2F
🕐¥6,000～¥7,999

ドクターSS／綿密に計算された串に刺した肉の大きさ、焼きは経験豊富な大将が行っているので全く文句のつけようがない。

368 | じどりや 穏座
ジドリヤ オンザ

★★★★☆ 3.97

| GENRE 焼鳥・鳥料理 | NEAREST STATION 滋賀県・堅田 |

📞0120-003-129　滋賀県大津市真野4-9-50
◎¥3,000～¥4,999　🕐¥6,000～¥7,999

K-dice/タタキ、刺身の鮮度が抜群！すき焼も非常にボリューム満点ですが美味しいので箸が進みます。

369 | 焼き鳥 とりら
ヤキトリ トリラ

★★★★☆ 4.35

| GENRE 焼鳥・鳥料理 | NEAREST STATION 福岡県・西鉄平尾 |

📞090-2089-4890　福岡県福岡市中央区平尾 3-10-9 イートオンプレイス平尾202
🕐¥8,000～¥9,999

みっきー0141／串ものは全て丁寧な火入れで、鶏のジューシーさを味わうことができます！ねぎまの弾力は食べ応えも満点で最高でした！

370 ろばたやき山ろく

ロバタヤキサンロク

★★★★☆
4.22

GENRE　焼鳥・鳥料理　｜　AREA　熊本県・山鹿市

☎0968-32-2245　熊本県山鹿市鹿北町椎持3264
🟠 ￥3,000〜￥3,999　🕐 ￥3,000〜￥3,999

サンショウマン／お店の雰囲気も良く囲炉裏の炭焼きで新鮮な鶏を食うには最高ですね！

---

371 とんかつ成蔵

トンカツナリクラ

★★★★☆
4.19

GENRE　とんかつ・揚げ物　｜　NEAREST STATION　東京都・南阿佐ヶ谷

☎03-6882-5214　東京都杉並区成田東4-33-9
🟠 ￥5,000〜￥5,999　🕐 ￥5,000〜￥5,999

野良パンダム／ここまで肉の旨味甘味をしかと感じる豚さんなんて他のトンカツ屋では食えないよ。明確なまでにレベルが違う。

---

372 うなぎ 魚政

ウナギ ウオマサ

★★★★☆
4.17

GENRE　うなぎ　｜　NEAREST STATION　東京都・四ツ木

☎03-3695-5222　東京都葛飾区東四ツ木4-14-4
🟠 ￥6,000〜￥7,999　🕐 ￥10,000〜￥14,999

りりいちゃん／脂がのっていて身はふっくらふわふわ♡表面は香ばしく焼かれていて美味しかったあ！

---

373 鳥・鰻の店 つぐみ庵

トリ・ウナギノミセ ツグミアン

★★★★☆
4.24

GENRE　うなぎ　｜　NEAREST STATION　東京都・駒込

☎03-3823-4591　東京都北区中里1-29-1
🟠 ￥10,000〜￥14,999　🕐 ￥10,000〜￥14,999

あるぱかーん／やっぱりつぐみ庵さんは美味しいね。丁寧な仕込みによる素材のポテンシャルの高さと大将のセンス溢れる絶妙な火入れはさすがです。

---

374 山勢

ヤマセイ

★★★☆☆
3.99

GENRE　うなぎ　｜　NEAREST STATION　長野県・松本

☎0263-88-6005　長野県松本市中央1-2-20
※移転予定あり
🟠 ￥5,600〜　🕐 ￥20,000〜￥29,999

辣油は飲み物／まずはジューシィさに驚く！そして、鰻の香りがぶわっと漂いつつ、決して下世話では無く寧ろ爽快ですらある。

375 | 郷土料理古式健珍蕎麦 慈久庵
キョウドリョウリコシキケンチンソバ ジキュウアン

★★★★☆ 3.91

| GENRE そば | AREA 茨城県・常陸太田市 |

📞0294-70-6290　茨城県常陸太田市天下野町2162
◉¥2,000〜¥2,999

ジャッキー社長／常陸秋そばの十割そばは香りと風味が良く、口あたりも滑らかで美味しいです。

376 | 玉笑
タマワライ

★★★★☆ 4.16

| GENRE そば | NEAREST STATION 東京都・明治神宮前 |

📞03-5485-0025　東京都渋谷区神宮前5-23-3
◉¥2,000〜　🍶¥8,000〜

amanekenama／蕎麦の実を自家栽培、手刈りで天日干しし自家製粉されるこだわりの蕎麦屋さんです

377 | 薮蕎麦 宮本
ヤブソバ ミヤモト

★★★★☆ 4.08

| GENRE そば | NEAREST STATION 静岡県・六合 |

📞0547-38-2503　静岡県島田市船木253-7
◉¥2,000〜¥2,999

K-dice／綺麗にざるに敷かれた蕎麦の艶々として瑞々しい輝きにうっとりとしてしまいます！

378 | 手造りうどん 楽々
テヅクリウドン ラクラク

★★★★☆ 3.98

| GENRE うどん | NEAREST STATION 大阪府・郡津 |

📞072-891-8833　大阪府交野市幾野6-6-1
◉¥1,000〜¥1,999

辣油は飲み物／歯が麺に沈んだ後に反発してくる独特の食感がクセになります。また、平たいので口当たりや喉ごしも良いです。

379 | 讃岐うどん がもう
サヌキウドン ガモウ

★★★★☆ 4.00

| GENRE うどん | NEAREST STATION 香川県・鴨川 |

📞0877-48-0409　香川県坂出市加茂町420-1
◉〜¥999

yuyuyu0147／熱々のおうどんなのに、しっかりとしたエッジとコシ。弾力とグミ感のバランスも凄い！イリコの効いたお出汁も塩味もベストバランス！

380 須崎食料品店
スザキショクリョウヒンテン

★★★★☆
4.02

| GENRE うどん | AREA 香川県・三豊市 |

📞0875-74-6245　香川県三豊市高瀬町上麻3778
◎〜￥999

虎太郎がゆく／ゴリゴリのコシの強さにある種のノスタルジーすら感じます。もちろん、硬いだけでなく、ピッと麺の角が立って舌触りも心地良し。

381 らぁ麺 飯田商店
ラァメン イイダショウテン

★★★★☆
4.10

| GENRE ラーメン | NEAREST STATION 神奈川県・湯河原 |

📞0465-62-4147　神奈川県足柄下郡湯河原町土肥2-12-14
◎￥1,000〜￥1,999

furutax2／鶏油は穏やか且つ上品に香り、鶏メインの旨味に豚も加わり、醤油も切れすぎずバランスいいですね。

382 Paris S'éveille
パリ セヴェイユ

★★★★☆
3.98

| GENRE スイーツ | NEAREST STATION 東京都・自由が丘 |

📞03-5731-3230　東京都目黒区自由が丘2-14-5
館山ビル1F
◎￥1,000〜￥1,999　🕐￥1,000〜￥1,999

ヴェイダー／流石東京で1.2を争うスイーツの銘店(^^)期待通りの美味しさ♫そして期待以上の品の良さと後味の軽やかさ(^○^)／

383 ひつじや

★★★☆☆
3.86

| GENRE その他（ジンギスカン） | AREA 山形県・村山市 |

📞0237-57-2862　山形県村山市大字富並4220-15
◎￥6,000〜￥7,999　🕐￥10,000〜￥14,999

村ログ／あまりの羊肉クオリティの高さに驚くばかり。臭みは一切なく、羊の脂特有の旨味が口一杯に広がります。

384 味満ん
アジマン

★★★★☆
4.37

| GENRE その他（ふぐ） | NEAREST STATION 東京都・六本木 |

📞03-3408-2910　東京都港区六本木3-8-8
WOOビル1F
🕐￥50,000〜￥59,999

モラヴィア／今でも「てっさ」は、80を超えた大将のみのお仕事との事。頂けば、その濃い旨味に衝撃を受けずにいられません。

385 | 鳥茂
トリシゲ

★★★★☆
4.17

GENRE その他（焼きとん） | NEAREST STATION 東京都・新宿

📞03-3379-5188　東京都渋谷区代々木2·6·5
💰￥8,000～￥9,999

にゃんちゃん♡0215／新宿という地で唯一無二と言っても過言ではない何をとっても大感激で始まり大感動で終わるお店。

386 | ふぐ 牧野
フグ マキノ

★★★★☆
4.16

GENRE その他（ふぐ） | NEAREST STATION 東京都・稲荷町

📞03-3844-6659　東京都台東区松が谷3·8·1
💰￥20,000～￥29,999

中目のやっこさん／ふぐという特別な味わいを楽しみつつ、牧野さんでしか食べられないお鍋に舌鼓できた特別な空間でした！

387 | L'atelier de Plaisir
ラトリエ ドゥ プレジール

★★★★☆
3.99

GENRE その他（ブーランジェリー） | NEAREST STATION 東京都・祖師ケ谷大蔵

📞03-3416-3341　東京都世田谷区砧8-13-8
ジベ成城1F
💰～￥999　🌙～￥999

milan1110／ハード系が好きな方には天国のような場所なのではないでしょうか。正直感動しました、ここまで旨いかと。

388 | 摘草料理かたつむり
ツミクサリョウリカタツムリ

★★★★★
4.27

GENRE その他 | AREA 岐阜県・山県市

📞0581-36-3621　岐阜県山県市長滝502
💰￥8,000～￥70,000　🌙￥20,000～￥70,000

Rのおいさん／摘み取った季節のキノコや草花、野菜に天然の川魚やジビエを織り交ぜた摘草料理のお店。

389 | 洋食 つばき
ヨウショク ツバキ

★★★★☆
4.12

GENRE その他（洋食） | AREA 岐阜県・岐阜市

📞058-297-1122　岐阜県岐阜市打越59-2
💰￥3,000～￥3,999　🌙￥8,000～￥9,999

mad_method／意外と王道クラシックな洋食コースでした。ハズレなく、どれもシンプルで丁寧に作られていて、とても美味しかったです。

390 | kitchen俊貴
キッチントシキ

★★★★☆
4.03

GENRE　その他（洋食）　　NEAREST STATION　愛知県・新栄町

📞052-737-3300　愛知県名古屋市中区葵2-13-30
アマーレ葵1F
◉¥3,000〜¥3,999　🕐¥6,000〜¥7,999

しぶちゃん(๑˘ ³˘๑)／肉とソースのダブルの旨味で、
足りないくらいにご飯がススム！！

391 | 柳家錦
ヤナギヤニシキ

★★★★☆
3.94

GENRE　その他（郷土料理）　　NEAREST STATION　愛知県・栄

📞052-212-5230　愛知県名古屋市中区錦3-12-30
第2ワシントンアネックスビル1F
◉¥15,400〜　🕐¥15,400〜

みうっちょ／柳家さんの代名詞であるジビエ料理や
鮎、山菜他楽しむことの出来るとても貴重なお店で
すね(o^^o)

392 | Grill French
グリルフレンチ

★★★★☆
3.82

GENRE　その他　　NEAREST STATION　京都府・二条城前

📞075-213-5350　京都府京都市中京区小川通御
池上ル下古城町377
◉¥5,000〜¥5,999　🕐¥10,000〜¥14,999

Rのおいさん／日本人が「懐かしい」と感じられる
「洋食」。ここへ来て初めて素晴らしいカテゴリーだ
としみじみ感じました。

393 | 串かつ あーぼん
クシカツ アーボン

★★★★★
4.34

GENRE　その他　　NEAREST STATION　兵庫県・打出

📞0797-22-2030　兵庫県芦屋市楠町6-8
くすのきマンション1F
🕐¥10,000〜¥14,999

drkck／串カツの質において一切の妥協をしない味
は全く胃もたれせず、限界を超えて食べ続けられる。

394 | 田無羅
タムラ

★★★★☆
3.91

GENRE　その他（韓国料理）　　NEAREST STATION　福岡県・天神南

📞092-715-4129　福岡県福岡市中央区春吉3-22-29
🕐¥20,000〜¥25,000

e3363／大将は話し方も非常に丁寧で、すべて焼
いてくださるのでありがたい。いいお店やね。

395 | 山田屋
ヤマダヤ

★★★★★
4.10

GENRE　その他（ふぐ）　｜　NEAREST STATION　大分県・臼杵

📞0972-62-9145　大分県臼杵市大字臼杵港町本通り5組
🍴¥9,075〜　🕐¥13,310〜

らぁめんらいす／大分県は臼杵市にある「山田屋」さんは、言わずと知れた臼杵ふぐの名店です。

---

396 | iwanaga 食堂
イワナガショクドウ

★★★★★
3.86

GENRE　その他（洋食）　｜　NEAREST STATION　宮崎県・宮崎

📞080-2790-8679　宮崎県宮崎市橘通東3-3-7福田ビル1F
🕐¥7,000〜¥10,000

スタープラチナ・ザ・ワールド／ワインや日本酒の種類も多く、酒と食を楽しむことができる宮崎随一のお店です。

本書で紹介できなかった
「The Tabelog Award 2023」選出店

メダル	店名	都道府県名	ジャンル
Gold	赤坂 らいもん	東京都	焼肉・肉料理
Gold	飯田	京都府	日本料理
Gold	さわ田	東京都	寿司
Gold	日本料理 晴山	東京都	日本料理
Gold	松川	東京都	日本料理
Gold	三谷	東京都	寿司
Silver	う嵐	滋賀県	うなぎ
Silver	御料理 はやし	京都府	日本料理
Silver	かぶと	東京都	うなぎ
Silver	紀茂登	東京都	日本料理
Silver	サエキ飯店	東京都	中華料理
Silver	食堂 おがわ	京都府	日本料理
Silver	鮨 はしもと	東京都	寿司
Silver	啐啄 つか本	京都府	日本料理
Silver	竹屋町 三多	京都府	日本料理
Silver	傳	東京都	創作料理
Bronze	麻布 幸村	東京都	日本料理
Bronze	味ひろ	東京都	日本料理
Bronze	一幸庵	東京都	スイーツ
Bronze	井雪	東京都	日本料理
Bronze	ヴィラ・アイーダ	和歌山県	イタリアン
Bronze	右江田	愛知県	寿司
Bronze	ete	東京都	イノベーション・フュージョン
Bronze	おたぎ	京都府	日本料理
Bronze	乙女寿司	石川県	寿司
Bronze	お料理 宮本	大阪府	日本料理
Bronze	かわむら	東京都	焼肉・肉料理
Bronze	小松 弥助	石川県	寿司
Bronze	サトブリDA	東京県	焼肉・肉料理
Bronze	新ばし しみづ	東京都	寿司
Bronze	すきやばし 次郎	東京都	寿司
Bronze	鮓 きずな	大阪府	寿司
Bronze	鮨 しゅん輔 阿佐ヶ谷	東京都	寿司
Bronze	鮨処 多田	大阪府	寿司
Bronze	鮨 はしぐち	東京都	寿司

メダル	店名	都道府県名	ジャンル
Bronze	鮨 みずかみ	東京都	寿司
Bronze	鮨 よしたけ	東京都	寿司
Bronze	炭火焼 ゆうじ	東京都	焼肉・肉料理
Bronze	千陽 本店	青森県	日本料理
Bronze	たかおか	千葉県	寿司
Bronze	鷹匠壽	東京都	焼鳥・鳥料理
Bronze	宝寿司分店	秋田県	寿司
Bronze	匠 進吾	東京都	寿司
Bronze	中国菜 火ノ鳥	大阪府	中華料理
Bronze	白	奈良県	日本料理
Bronze	天神橋 青木	大阪府	日本料理
Bronze	トゥ・ラ・ジョア イズム	愛知県	イノベーティブ・フュージョン
Bronze	パティスリー リョーコ	東京都	スイーツ
Bronze	はらまさ	東京都	日本料理
Bronze	樋口	東京都	日本料理
Bronze	前田	京都府	日本料理
Bronze	丸安	兵庫県	魚介料理・海鮮料理
Bronze	美かさ	神奈川県	天ぷら
Bronze	みかわ 是山居	東京都	天ぷら
Bronze	美山荘	京都府	日本料理
Bronze	焼肉 静龍苑	東京都	焼肉・肉料理
Bronze	焼肉政ちゃん	大阪府	焼肉・肉料理
Bronze	幸魚	宮崎県	日本料理
Bronze	吉い	愛知県	日本料理
Bronze	料理 川口	京都府	日本料理
Bronze	レストラン ラ フィネス	東京都	フレンチ

INDEX | インデックス

店名	都道府県名	ジャンル	メダル	
蒼	東京都	イノベーティブ・フュージョン	Gold	12
acá	東京都	スペイン料理	Gold	16
AKAI	広島県	イノベーティブ・フュージョン	Silver	177
赤坂 詠月	東京都	日本料理	Bronze	207
赤坂 おぎ乃	東京都	日本料理	Bronze	62
赤坂 菊乃井	東京都	日本料理	Bronze	207
秋田 てんぷら みかわ	秋田県	天ぷら	Bronze	232
AKI NAGAO	北海道	フレンチ	Bronze	233
akordu	奈良県	イノベーティブ・フュージョン	Bronze	247
ASAHINA Gastronome	東京都	フレンチ	Bronze	235
麻布 かどわき	東京都	日本料理	Bronze	207
麻布十番 ふくだ	東京都	日本料理	Bronze	207
味 あら井	大分県	日本料理	Bronze	222
味道広路	北海道	日本料理	Bronze	206
味満ん	東京都	その他（ふぐ）	Bronze	260
AZUR et MASA UEKI	東京都	フレンチ	Bronze	235
APICIUS	東京都	フレンチ	Bronze	235
あま木	愛知県	寿司	Silver	161
飴源	佐賀県	川魚料理	Bronze	252
綾小路 唐津	京都府	日本料理	Bronze	213
安久	京都府	日本料理	Bronze	213
いちかわ	東京都	寿司	Bronze	224
いち太	東京都	日本料理	Bronze	208
イチリン ハナレ	神奈川県	中華料理	Silver	179
一子相伝 なかむら	京都府	日本料理	Bronze	213
一心鮨 光洋	宮崎県	寿司	Bronze	232
一本杉 川嶋	石川県	日本料理	Bronze	118
井本	福岡県	日本料理	Bronze	220
il AOYAMA	愛知県	イタリアン	Silver	172
iwanaga食堂	宮崎県	その他（洋食）	Bronze	263
Installation Table ENSO L'asymetrie du calme	石川県	イノベーティブ・フュージョン	Bronze	246
villa del nido	長崎県	イタリアン	Bronze	245
ウェスタ	東京都	ステーキ・鉄板焼き	Bronze	251
USHIGORO S. GINZA	東京都	焼肉・肉料理	Bronze	253
USHIGORO S. NISHIAZABU	東京都	焼肉・肉料理	Bronze	253

店名	都道府県名	ジャンル	メダル	
Ushimaru	千葉県	イタリアン	Bronze	243
うなぎ 魚政	東京都	うなぎ	Bronze	258
うなぎ亭 友栄	神奈川県	うなぎ	Silver	186
海味	東京都	寿司	Bronze	224
ESqUISSE	東京都	フレンチ	Silver	165
f	秋田県	イタリアン	Bronze	243
NK	東京都	日本料理	Bronze	63
蕃 YORONIKU	東京都	焼肉・肉料理	Silver	182
OHKUSA	東京都	焼鳥・鳥料理	Silver	183
Ode	東京都	フレンチ	Bronze	235
緒方	京都府	日本料理	Gold	22
オステリアエノテカ ダ・サスィーノ	青森県	イタリアン	Bronze	242
hotel de yoshino	和歌山県	フレンチ	Bronze	241
Otowa restaurant	栃木県	フレンチ	Bronze	234
緒乃	大阪府	日本料理	Bronze	218
Hommage	東京都	フレンチ	Bronze	235
お料理 佐藤	福岡県	日本料理	Bronze	220
御料理 寺沢	岩手県	日本料理	Bronze	206
御料理 樋渡	京都府	日本料理	Bronze	213
御料理ふじ居	富山県	日本料理	Bronze	211
御料理 まつ山	福岡県	日本料理	Bronze	221
御料理 光安	京都府	日本料理	Bronze	214
ORTO	京都府	イノベーティブ・フュージョン	Bronze	246
御宿かわせみ	福島県	日本料理	Bronze	206
casa del cibo	青森県	イタリアン	Bronze	243
開化亭	岐阜県	中華料理	Bronze	250
懐石 八泉	愛知県	日本料理	Bronze	212
CAINOYA	京都府	イノベーティブ・フュージョン	Bronze	247
ca'enne	長野県	イタリアン	Bronze	244
薫 HIROO	東京都	イノベーティブ・フュージョン	Bronze	247
神楽坂 石かわ	東京都	日本料理	Silver	147
神楽坂 鉄板焼 中むら	東京都	ステーキ・鉄板焼き	Bronze	251
K+	東京都	イタリアン	Bronze	243
柏屋 大阪千里山	大阪府	日本料理	Bronze	218
Ca sento	兵庫県	イノベーティブ・フュージョン	Silver	177

店名	都道府県名	ジャンル	メダル	
片折	石川県	日本料理	Gold	26
割烹 新多久	新潟県	日本料理	Bronze	211
割烹 八寸	京都府	日本料理	Bronze	214
katecuore	佐賀県	イタリアン	Silver	173
かに吉	鳥取県	魚介料理・海鮮料理	Silver	181
カハラ	大阪府	イノベーティブ・フュージョン	Bronze	247
我逢人	福岡県	寿司	Bronze	230
鎌倉 北じま	神奈川県	日本料理	Bronze	117
kamoshiya Kusumoto	大阪府	創作料理	Bronze	248
川甚	福井県	魚介料理・海鮮料理	Bronze	252
Quintessence	東京都	フレンチ	Gold	32
きう	京都府	寿司	Silver	161
紀尾井町 三谷	東京都	寿司	Bronze	225
祇園 大渡	京都府	日本料理	Bronze	214
ぎおん 阪川	京都府	日本料理	Bronze	214
祇園 さゝ木	京都府	日本料理	Bronze	214
祇園 にし	京都府	日本料理	Bronze	215
祇園 にしかわ	京都府	日本料理	Bronze	215
祇園 又吉	京都府	日本料理	Bronze	215
菊鮨	福岡県	寿司	Bronze	230
菊乃井 本店	京都府	日本料理	Bronze	215
季節料理 なかしま	広島県	日本料理	Bronze	220
北島亭	東京都	フレンチ	Bronze	236
北野坂 木下	兵庫県	イタリアン	Silver	202
kitchen俊貴	愛知県	その他（洋食）	Bronze	262
木山	京都府	日本料理	Silver	150
京 静華	京都府	中華料理	Bronze	250
兄弟寿し	新潟県	寿司	Bronze	227
京天神 野口	京都府	日本料理	Silver	150
京都吉兆 嵐山本店	京都府	日本料理	Bronze	215
郷土料理古式健珍蕎麦 慈久庵	茨城県	そば	Bronze	259
きよ田	東京都	寿司	Bronze	225
銀座 大石	東京都	フレンチ	Silver	165
銀座 きた福	東京都	日本料理	Bronze	208
銀座 しのはら	東京都	日本料理	Gold	36

店名	都道府県名	ジャンル	メダル	
銀座ふじやま	東京都	日本料理	Bronze	208
銀座 レカン	東京都	フレンチ	Bronze	236
くいしんぼー山中	京都府	ステーキ・鉄板焼き	Bronze	252
QUINTOCANTO	大阪府	イタリアン	Bronze	244
串かつ あーぼん	兵庫県	その他	Bronze	262
くすのき	東京都	天ぷら	Silver	163
Cucina Italiana Gallura	愛知県	イタリアン	Bronze	244
Grand rocher	大阪府	フレンチ	Bronze	240
Grill French	京都府	その他	Bronze	262
くるますし	愛媛県	寿司	Bronze	203
Gourmandise	東京都	その他（ビストロ）	Silver	186
くろぎ	東京都	日本料理	Bronze	208
月泉	大阪府	中華料理	Bronze	251
高台寺 和久傳	京都府	日本料理	Bronze	216
行楽庵	滋賀県	日本料理	Bronze	212
COTE D'OR	東京都	フレンチ	Silver	166
御幸町 田がわ	京都府	日本料理	Bronze	216
枯淡	福岡県	寿司	Bronze	230
こにし家	兵庫県	日本料理	Bronze	219
虎白	東京都	日本料理	Silver	147
小判寿司	福島県	寿司	Bronze	224
虎峰	東京都	中華料理	Bronze	248
こま田	三重県	寿司	Bronze	228
湖里庵	滋賀県	日本料理	Bronze	141
齋華	京都府	中華料理	Silver	180
魚菜料理 縄屋	京都府	日本料理	Bronze	216
茶禅華	東京都	中華料理	Gold	42
SATOブリアン さんごう	東京都	焼肉・肉料理	Bronze	253
SATOブリアン にごう	東京都	焼肉・肉料理	Bronze	253
SATOブリアン 本店	東京都	焼肉・肉料理	Bronze	254
讃岐うどん がもう	香川県	うどん	Bronze	259
山玄茶	京都府	日本料理	Bronze	216
Simplicite	東京都	フレンチ	Bronze	236
Chez Inno	東京都	フレンチ	Silver	166
召膳 無苦庵	和歌山県	日本料理	Bronze	219

店名	都道府県名	ジャンル	メダル	
私厨房 勇	東京都	中華料理	Bronze	249
じどりや 穏座	滋賀県	焼鳥・鳥料理	Bronze	257
ShinoiS	東京都	中華料理	Bronze	249
島津	東京都	寿司	Silver	159
霜止出苗	北海道	イノベーティブ・フュージョン	Bronze	246
橦木町 しみず	愛知県	日本料理	Silver	140
旬席 鈴江	京都府	日本料理	Bronze	216
嘯月	京都府	スイーツ	Silver	185
招福樓 本店	滋賀県	日本料理	Bronze	213
Joël Robuchon	東京都	フレンチ	Silver	167
喰善 あべ	東京都	日本料理	Bronze	208
SHOKUDO YArn	石川県	イノベーティブ・フュージョン	Bronze	246
sincere	東京都	フレンチ	Bronze	236
尽誠	大阪府	寿司	Bronze	228
眞善美	愛知県	中華料理	Bronze	250
新ばし 星野	東京都	日本料理	Gold	46
末冨	東京都	日本料理	Silver	64
SUGALABO	東京都	イノベーティブ・フュージョン	Silver	174
SUGALABO V	大阪府	フレンチ	Bronze	240
須崎食料品店	香川県	うどん	Bronze	260
鮨 あらい	東京都	寿司	Gold	52
鮨 一幸	北海道	寿司	Silver	156
鮨 いとう	福島県	寿司	Bronze	223
鮨 猪股	埼玉県	寿司	Silver	156
すし うえだ	兵庫県	寿司	Bronze	229
寿司栄	千葉県	寿司	Bronze	224
鮨 縁	岡山県	寿司	Bronze	230
鮨 おおが	大阪府	寿司	Bronze	228
寿し おおはた	大阪府	寿司	Bronze	229
鮨 おさむ	福岡県	寿司	Bronze	231
鮨おばな	群馬県	寿司	Bronze	224
鮨木場谷	石川県	寿司	Bronze	227
すし 㐂邑	東京都	寿司	Silver	157
鮨 行天	福岡県	寿司	Bronze	231
鮨駒	秋田県	寿司	Bronze	223

店名	都道府県名	ジャンル	メダル	
鮨 さいとう	東京都	寿司	Gold	56
鮨菜 和喜智	北海道	寿司	Bronze	222
鮨 さかい	福岡県	寿司	Silver	162
鮨 三心	大阪府	寿司	Bronze	229
鮨 十兵衛	福井県	寿司	Silver	160
鮨旬美西川	愛知県	寿司	Bronze	228
すし匠	東京都	寿司	Silver	158
すし匠 齋藤	東京都	寿司	Bronze	225
寿志 城助	兵庫県	寿司	Bronze	229
鮨匠 のむら	鹿児島県	寿司	Bronze	232
鮨し人	富山県	寿司	Bronze	227
鮨 すが弥	東京都	寿司	Bronze	225
鮨 鈴木	東京都	寿司	Silver	157
鮨 仙八	熊本県	寿司	Bronze	231
鮨 大門	富山県	寿司	Bronze	227
鮨 尚充	東京都	寿司	Silver	158
鮨 とかみ	東京都	寿司	Bronze	225
鮨 登喜和	新潟県	寿司	Bronze	227
鮨処 有馬	北海道	寿司	Bronze	222
鮨処 つく田	佐賀県	寿司	Bronze	231
すし処 ひさ田	岡山県	寿司	Bronze	230
すし処 めくみ	石川県	寿司	Gold	66
鮨 なんば 日比谷	東京都	寿司	Gold	70
鮨ノ蔵	北海道	寿司	Bronze	223
寿し道 桜田	愛知県	寿司	Bronze	228
鮨みなと	北海道	寿司	Bronze	223
SOUS-SUS	秋田県	フレンチ	Bronze	234
鮨 由う	東京都	寿司	Bronze	226
鮨 龍次郎	東京都	寿司	Silver	159
すゝき野 鮨金	北海道	寿司	Bronze	223
鈴田式	東京都	日本料理	Bronze	209
スタミナ苑	東京都	焼肉・肉料理	Silver	182
ステーキハウス キッチンリボン	愛知県	ステーキ・鉄板焼き	Bronze	251
ステーキハウス バロン	熊本県	ステーキ・鉄板焼き	Bronze	252
炭火割烹 いふき	京都府	日本料理	Bronze	217

店名	都道府県名	ジャンル	メダル	
炭火焼肉 久	秋田県	焼肉・肉料理	Bronze	253
炭火焼肉 なかはら	東京都	焼肉・肉料理	Bronze	254
炭焼 金竜山	東京都	焼肉・肉料理	Bronze	254
壽山	北海道	日本料理	Bronze	206
ZURRIOLA	東京都	スペイン料理	Bronze	245
勢麟	静岡県	日本料理	Gold	76
SÉZANNE	東京都	フレンチ	Silver	65
枚 SEN	京都府	日本料理	Bronze	217
SENTI.U	鹿児島県	イタリアン	Bronze	245
草庵 鍋島	佐賀県	日本料理	Bronze	221
草喰 なかひがし	京都府	日本料理	Silver	151
大市	京都府	日本料理	Bronze	217
たきや	東京都	天ぷら	Silver	163
TACUBO	東京都	イタリアン	Silver	171
田中旅館	山口県	日本料理	Bronze	220
多仁本	東京都	日本料理	Bronze	209
玉笑	東京都	そば	Bronze	259
田無羅	福岡県	その他（韓国料理）	Bronze	262
CHIUnE	東京都	イノベーティブ・フュージョン	Gold	80
CERCA TROVA	宮崎県	イタリアン	Bronze	245
近松	福岡県	寿司	Silver	162
馳走 啐啄一十	広島県	日本料理	Silver	155
馳走なかむら	福岡県	日本料理	Bronze	221
馳走西健一	静岡県	イノベーティブ・フュージョン	Bronze	246
茶懐石 温石	静岡県	日本料理	Gold	86
中国飯店 富麗華	東京都	中華料理	Silver	178
趙楊	東京都	中華料理	Bronze	249
嗣味	福岡県	日本料理	Bronze	221
津の守坂 小柴	東京都	日本料理	Bronze	209
摘草料理かたつむり	岐阜県	その他	Bronze	261
手造りうどん 楽々	大阪府	うどん	Bronze	259
照寿司	福岡県	寿司	Bronze	231
Terroir愛と胃袋	山梨県	フレンチ	Bronze	239
天寿し 京町店	福岡県	寿司	Gold	90
天ぷらあら木	北海道	天ぷら	Bronze	232

店名	都道府県名	ジャンル	メダル	
天ぷら たけうち	福岡県	天ぷら	Bronze	233
天ぷら 天白	千葉県	天ぷら	Bronze	233
てんぷら 深町	東京都	天ぷら	Bronze	233
天ぷら もっこす	群馬県	天ぷら	Bronze	233
TTOAHISU	福岡県	イノベーティブ・フュージョン	Bronze	248
トゥールダルジャン 東京	東京都	フレンチ	Bronze	236
東京肉しゃぶ家	東京都	焼肉・肉料理	Bronze	254
道人	京都府	日本料理	Gold	96
とおの屋 要	岩手県	創作料理	Bronze	248
徳山鮓	滋賀県	その他（郷土料理）	Silver	188
隼	東京都	中華料理	Bronze	249
富小路 やま岸	京都府	日本料理	Silver	151
TOM Curiosa	大阪府	イタリアン	Bronze	244
と村	東京都	日本料理	Bronze	209
虎屋 壺中庵	徳島県	日本料理	Silver	155
鳥・鰻の店 つぐみ庵	東京都	うなぎ	Bronze	258
とり喜	東京都	焼鳥・鳥料理	Bronze	256
鳥さわ	東京都	焼鳥・鳥料理	Bronze	256
鳥さわ22	東京都	焼鳥・鳥料理	Bronze	256
鳥しき	東京都	焼鳥・鳥料理	Silver	184
鳥茂	東京都	その他（焼きとん）	Bronze	261
鳥匠 いし井	大阪府	焼鳥・鳥料理	Silver	184
鳥田中	東京都	焼鳥・鳥料理	Bronze	256
τρεῖς	東京都	イノベーティブ・フュージョン	Silver	175
とんかつ成蔵	東京都	とんかつ・揚げ物	Bronze	258
とんかつ マンジェ	大阪府	とんかつ・揚げ物	Silver	185
なか條	神奈川県	寿司	Bronze	226
NAKADO	広島県	フレンチ	Bronze	241
Nabeno-Ism	東京都	フレンチ	Bronze	237
名前のないイタリア料理店	愛媛県	イタリアン	Bronze	245
生ホルモン処 おさむちゃん。	大阪府	焼肉・肉料理	Bronze	255
奈良きみや	奈良県	焼肉・肉料理	Bronze	255
奈良 而今	奈良県	日本料理	Bronze	219
奈良屋町 青	福岡県	イノベーティブ・フュージョン	Bronze	248
NARISAWA	東京都	イノベーティブ・フュージョン	Silver	175

店名	都道府県名	ジャンル	メダル	
成生	静岡県	天ぷら	Gold	100
にい留	愛知県	天ぷら	Gold	106
肉割烹 上	東京都	日本料理	Bronze	209
にくの匠 三芳	京都府	日本料理	Silver	152
肉屋 雪月花 NAGOYA	愛知県	日本料理	Bronze	212
肉屋 田中	東京都	その他（牛料理）	Silver	187
肉料理ふくなが	滋賀県	ステーキ・鉄板焼き	Bronze	251
にしぶち飯店	京都府	中華料理	Silver	180
二条城ふる田	京都府	日本料理	Bronze	217
日本橋蛎殻町 すぎた	東京都	寿司	Gold	110
日本橋 蕎ノ字	東京都	天ぷら	Silver	164
日本料理 新茶家	岩手県	日本料理	Bronze	206
日本料理 是しん	大阪府	日本料理	Bronze	219
日本料理 たかむら	秋田県	日本料理	Silver	146
日本料理 太月	東京都	日本料理	Bronze	210
日本料理 TOBIUME	福岡県	日本料理	Bronze	221
日本料理FUJI	静岡県	日本料理	Bronze	211
日本料理 別府 廣門	大分県	日本料理	Bronze	204
日本料理山崎	富山県	日本料理	Bronze	211
日本料理 柚木元	長野県	日本料理	Silver	149
仁修樓	京都府	中華料理	Silver	181
野嵯和	愛知県	日本料理	Bronze	212
HAGI	福島県	フレンチ	Silver	164
HAJIME	大阪府	イノベーティブ・フュージョン	Silver	176
長谷川 稔	東京都	イノベーティブ・フュージョン	Silver	176
はっこく	東京都	寿司	Bronze	226
初音鮨	東京都	寿司	Bronze	226
波濤	東京都	寿司	Bronze	226
花いち	愛知県	日本料理	Bronze	212
Paris S'éveille	東京都	スイーツ	Bronze	260
青空	東京都	寿司	Silver	160
東麻布 天本	東京都	寿司	Gold	120
東山 緒方	京都府	日本料理	Bronze	217
東山 吉寿	京都府	日本料理	Bronze	218
ひつじや	山形県	その他（ジンギスカン）	Bronze	260

店名	都道府県名	ジャンル	メダル	
ひとつ	宮崎県	寿司	Bronze	232
日の出	三重県	魚介料理・海鮮料理	Bronze	252
樋山	埼玉県	日本料理	Silver	146
瓢亭 本店	京都府	日本料理	Bronze	218
比良山荘	滋賀県	日本料理	Silver	149
HIRO NAGOYA	愛知県	焼肉・肉料理	Bronze	255
Fogliolina della Porta Fortuna	長野県	イタリアン	Silver	171
ふぐ 牧野	東京都	その他（ふぐ）	Bronze	261
Fujiya 1935	大阪府	イノベーティブ・フュージョン	Bronze	247
プチレストラン ブーケ・ド・フランス	青森県	フレンチ	Bronze	234
フナシェフ	大阪府	フレンチ	Bronze	240
Furuta	東京都	中華料理	Silver	179
プレストンコート ユカワタン	長野県	フレンチ	Bronze	239
PRESENTE Sugi	千葉県	イタリアン	Silver	170
Florilege	東京都	フレンチ	Silver	167
pesceco	長崎県	イノベーティブ・フュージョン	Silver	178
bb9	兵庫県	スペイン料理	Silver	174
PELLEGRINO	東京都	イタリア料理	Gold	124
Bon.nu	東京都	フレンチ	Silver	168
Point	大阪府	フレンチ	Bronze	241
本湖月	大阪府	日本料理	Silver	153
薪鳥新神戸	東京都	焼鳥・鳥料理	Gold	130
まき村	東京都	日本料理	Silver	148
MAKINONCÎ	石川県	フレンチ	Bronze	238
美加登家	島根県	日本料理	Silver	154
未在	京都府	日本料理	Silver	152
味享	東京都	日本料理	Bronze	210
南青山 七鳥目	東京都	焼鳥・鳥料理	Bronze	257
宮坂	東京都	日本料理	Bronze	116
妙見石原荘 食菜石蔵	鹿児島県	日本料理	Bronze	222
無名	長野県	日本料理	Bronze	211
Maison KEI	静岡県	フレンチ	Bronze	239
MAISON LAFITE	福岡県	フレンチ	Bronze	242
もめん	大阪府	日本料理	Bronze	219
焼鳥 おみ乃	東京都	焼鳥・鳥料理	Bronze	257

店名	都道府県名	ジャンル	メダル	
焼き鳥 とりら	福岡県	焼鳥・鳥料理	Bronze	257
焼鳥 みずき	岐阜県	焼鳥・鳥料理	Bronze	257
焼肉井とう	大分県	焼肉・肉料理	Bronze	256
焼肉 ジャンボ はなれ	東京都	焼肉・肉料理	Silver	183
焼肉すどう 春吉	福岡県	焼肉・肉料理	Bronze	255
弥助	大阪府	寿司	Bronze	229
柳家	岐阜県	その他（郷土料理）	Silver	187
柳家錦	愛知県	その他（郷土料理）	Bronze	262
薮蕎麦 宮本	静岡県	そば	Bronze	259
やまぐち	京都府	イタリアン	Silver	172
山﨑	東京都	日本料理	Silver	148
山勢	長野県	うなぎ	Bronze	258
山田屋	大分県	その他（ふぐ）	Bronze	263
余市 SAGRA	北海道	イタリアン	Silver	170
洋食 つばき	岐阜県	その他（洋食）	Bronze	261
米増	大阪府	日本料理	Silver	153
よろにく	東京都	焼肉・肉料理	Bronze	254
4000 Chinese Restaurant	東京都	中華料理	Bronze	249
らぁ麺 飯田商店	神奈川県	ラーメン	Bronze	260
LA VAGABONDE	愛知県	フレンチ	Bronze	239
La Kanro	大阪府	フレンチ	Bronze	241
ラ クレリエール	東京都	フレンチ	Bronze	237
LATURE	東京都	フレンチ	Bronze	237
ラトリエ あべ	徳島県	フレンチ	Bronze	242
L'Atelier de NOTO	石川県	フレンチ	Bronze	238
L'atelier de Plaisir	東京都	その他（ブーランジェリー）	Bronze	261
La Blanche	東京都	フレンチ	Bronze	237
La Baie	大阪府	フレンチ	Bronze	241
らん亭〜 美日庵	福島県	日本料理	Bronze	207
ristorante giueme	秋田県	イタリアン	Bronze	243
ristorante nakamoto	京都府	イタリアン	Bronze	244
龍吟	東京都	日本料理	Bronze	210
料亭 やまさ旅館	大分県	日本料理	Bronze	222
料理屋 植むら	兵庫県	日本料理	Silver	154
Ryoriya Stephan Pantel	京都府	フレンチ	Bronze	239

店名	都道府県名	ジャンル	メダル	
料理屋そうびき	広島県	日本料理	Bronze	220
le-sorcier	山口県	フレンチ	Bronze	242
Le Mange-Tout	東京都	フレンチ	Bronze	237
L'évo	富山県	フレンチ	Gold	134
Les champs d'or	京都府	フレンチ	Bronze	240
RESTAURANT UOZEN	新潟県	フレンチ	Bronze	238
RESTAURANT Ohtsu	茨城県	フレンチ	Bronze	234
Restaurant Sola	福岡県	フレンチ	Bronze	242
Restaurant Naz	長野県	イノベーティブ・フュージョン	Silver	119
Restaurant MOTOI	京都府	フレンチ	Bronze	240
レストラン・モリエール	北海道	フレンチ	Bronze	234
Restaurant Ryuzu	東京都	フレンチ	Bronze	238
respiración	石川県	スペイン料理	Silver	173
レ セゾン	東京都	フレンチ	Bronze	238
L'Effervescence	東京都	フレンチ	Silver	168
Reminiscence	愛知県	フレンチ	Silver	169
レンゲ	東京都	中華料理	Bronze	250
蓮 三四七	東京都	日本料理	Bronze	210
ロオジエ	東京都	フレンチ	Silver	169
六寛	東京都	日本料理	Bronze	210
ろばたやき山ろく	熊本県	焼鳥・鳥料理	Bronze	258
和ごころ 泉	京都府	日本料理	Bronze	218
わさ	東京都	中華料理	Bronze	250
和田金	三重県	焼肉・肉料理	Bronze	255

The Tabelog Award 2023 公式本 Special Thanks

写真と口コミを掲載させていただいたレビュアーのみなさま

あーろんは岐阜の民	グルメだんな	にゃんちゃん♡0215
アキタン34	グルメマニア男2020	野良パンダム
あきとん（・・）	コエコエ0828	花も団子も
脂は苦手	コスモス007	ぴーたんたん
安倍太郎	虎太郎がゆく	必殺いっぱち
あまいもも明美	最後は塩むすび	平本真奈美
あみはっち	さりママ812	ひろえBANANA
あるぱかーん	サンショウマン	ファイブペンギンズ
イズミール	ジゲンＡＣＥ	藤崎まり子
ヴェイダー	しぶちゃん (๑´ㅂ`๑)	ふひと@広島
ウニ王子	しめしめしめこ	フラワ田
うにくまる	ジャッキー社長	ぺーぱーかんぱにー
うめけん1002	湘南特派員	ベターデイズ
美味しい弁護士	汁で汁吸ったろーん	ぺぴどん
大きなやまちゃん	スタープラチナ・ザ・ワールド	ペンギン案内人
オールバックGOGOGO	すっちゃら	みうっちょ
おでんおかず	セルジ	みかどmikado
お肉モンスター	たけだプレジール	みっきー0141
カイトーベン	たちばな ななみ	ミッキーマウスだよ
海原雄コ♡	チェリー先生	みつごとうさん
かささぎ@サンラザール駅	トイプードルしろちゃん	みるみんく
頑固おやじ3	東行晋作	村ログ
黄色のたぬき	東京ふらふら	めえ88
キャサリン プー	東西雅	百川 茂左衛門
食いだおれリーマン	ドクターSS	モラヴィア
工藤明生 本物	どくだみちゃん	やっぱりモツが好き
クリスティアーノ・メッシ81311	トモサク	やっぱり蕎麦
ぐりまーついんず	とりとり18	やびログ
具留目恥垢	中目のやっこさん	酔いどれお姉さん
グルメウォーカー時々旅行	ニールマン	よく食べる人。

らぁめんらいす

辣油は飲み物

りりいちゃん

ろでーぬ

amanekenama

Belle_colline

cats-99

Chocotto

coccinellaさん

cocomamacocosan

cookieojisan_幸食倶楽部

drkck

e3363

eb2002621

furutax2

goro58397

hiro0827

Hiro45316

hiro46pon

IKKO'S FILMS

ingridb

island2020

JoeColombia

K-dice

KatsuKatsu

kenolog

KENタロウ

kevche1

kobalog

komug710

kouranos

kuni_log

Lady hana

lierm

mad_method

Magiki

Mark Ma

meguです！！

miam_miam.17

milan1110

nao…

nokuru

parisjunko

parisparis877

pateknautilus40

phili204

raccostar

rtake57

Rのおいさん

S.Y Nのグルメ日記

sakura007

shinn679

Shinnosuke3023

Suekkss

sushinikusuki

Swallow65894

team shotoku

Tokyo Rocks

vamitan

y.kiwi

yamay630

yasai572

yoshimurakei

yuyuyu0147

Zマックス

_takelog

@hitolog_com

ﾟマッサーﾟ

☆マギー☆

♡みぃみの365日♡

3298S

7070JAZZ

企画・監修：株式会社カカクコム

STAFF
編集長：大木淳夫
制作・編集：Fly inc.
デザイン：細山田光宣＋松本 歩（細山田デザイン事務所）
DTP：ニシ工芸株式会社

· ·

The Tabelog Award 2023 公式本

発行日　　　2023年3月31日

発行人　　　木本敬巳
発行・発売　ぴあ株式会社
　　　　　　〒150-0011
　　　　　　東京都渋谷区東 1-2-20　渋谷ファーストタワー
　　　　　　編集　03 (5774) 5262
　　　　　　販売　03 (5774) 5248
印刷・製本　三永印刷株式会社